El Sacro Imperio Romano

Una Fascinante Guía para Entender la Unión de Reinos Más Pequeños que Comenzara Durante la Alta Edad Media y que se Disolviera Durante las Guerras Napoleónicas

© Copyright 2020

Todos los derechos reservados. Ninguna parte de este libro puede ser reproducida de ninguna forma sin el permiso escrito del autor. Los revisores pueden citar breves pasajes en las reseñas.

Descargo de responsabilidad: Ninguna parte de esta publicación puede ser reproducida o transmitida de ninguna forma o por ningún medio, mecánico o electrónico, incluyendo fotocopias o grabaciones, o por ningún sistema de almacenamiento y recuperación de información, o transmitida por correo electrónico sin permiso escrito del editor.

Si bien se ha hecho todo lo posible por verificar la información proporcionada en esta publicación, ni el autor ni el editor asumen responsabilidad alguna por los errores, omisiones o interpretaciones contrarias al tema aquí tratado.

Este libro es solo para fines de entretenimiento. Las opiniones expresadas son únicamente las del autor y no deben tomarse como instrucciones u órdenes de expertos. El lector es responsable de sus propias acciones.

La adhesión a todas las leyes y regulaciones aplicables, incluyendo las leyes internacionales, federales, estatales y locales que rigen la concesión de licencias profesionales, las prácticas comerciales, la publicidad y todos los demás aspectos de la realización de negocios en los EE. UU., Canadá, Reino Unido o cualquier otra jurisdicción es responsabilidad exclusiva del comprador o del lector.

Ni el autor ni el editor asumen responsabilidad alguna en nombre del comprador o lector de estos materiales. Cualquier desaire percibido de cualquier individuo u organización es puramente involuntario.

Tabla de Contenidos

INTRODUCCIÓN 1
CAPÍTULO 1 - EL PRIMER IMPERIO ROMANO 3
CAPÍTULO 2 - LOS CAROLINGIOS 8
CAPÍTULO 3 - PADRE DE EUROPA 15
CAPÍTULO 4 - UN EMPERADOR FORMAL 21
CAPÍTULO 5 - EL CALÍGULA DEL CRISTIANISMO 27
CAPÍTULO 6 – EL ANTIPAPA 32
CAPÍTULO 7 – LA CAMINATA A CANOSSA 39
CAPÍTULO 8 - COMIENZA LA DINASTÍA HOHENSTAUFEN 44
CAPÍTULO 9 - EL REY GUERRERO DE BARBA ROJA 49
CAPÍTULO 10 – EL CAPTOR DE CORAZÓN DE LEÓN 55
CAPÍTULO 11 – STUPOR MUNDI 57
CAPÍTULO 12 - EL GRAN INTERREGNO 63
CAPÍTULO 13 - EL REY DE LA PAZ 69
CAPÍTULO 14 - EL ASCENSO DE LOS HABSBURGO 77
CAPÍTULO 15 - LA REFORMA 82
CAPÍTULO 16 - OCHO MILLONES DE MUERTOS 89
CAPÍTULO 17 - LA DISOLUCIÓN 95
CONCLUSIÓN 99
VEA MÁS LIBROS ESCRITOS POR CAPTIVATING HISTORY 101
FUENTES 102

Introducción

Un rey de barba roja con una espada de fuego arrastrado por el río en su última cruzada. Un joven papo sacrílego comprometido con la corrupción. Una princesa extranjera feroz con un hacha para demoler y una especial habilidad para la diplomacia. Una emperatriz viuda que se negara a defraudar a su familia, sin importarle el costo. Una princesa adolescente ambiciosa que se casa por el poder y lucha por el derecho al trono. Un poeta romántico, su corazón perdido hacía mucho tiempo por una mujer con la que había intercambiado solo una palabra. Y, al final de todo, un tirano en ascenso que de un golpe arrasaría con imperios.

Estos parecen personajes salidos de algún cuento fantástico, una mezcla de imaginación para encantar y deleitar a los lectores. Sin embargo, cada uno de ellos fue tan real como usted y yo. Y todos poblaron, en un momento u otro, un imperio cuyo poder se mantendría durante mil años y cuyas fronteras se expandirían hasta engullir la mayor parte de Europa Occidental: el Sacro Imperio romano germánico.

Comenzando con Carlomagno, el gran rey educado que serviría de inspiración para los líderes mundiales desde Federico II hasta Adolf Hitler, los intrincados lazos del Sacro Imperio romano con la Iglesia católica apostólica romana proporcionarían mucha emoción y drama en sus primeros años. Sin embargo, a medida que el imperio se desmoronaba a lo largo de la Edad Media y el Renacimiento, finalmente se vería obligado a declarar su lealtad a una nueva forma de pensar: el protestantismo.

A lo largo de la historia del Sacro Imperio romano germánico, prolifera una gran cantidad de historias fascinantes de gente interesante. Se enfrentan monjes y emperadores, los poetas cantan alabanzas a los reyes, y el papa cabalga ciego y en pelo por las calles de Roma en un burro asustado. El monarca más poderoso de toda Europa camina descalzo sobre la nieve arrepentido de sus actos feroces, y dos familias rivales se enfrentan cara a cara por la monarquía. Las cruzadas se pierden en la guerra y se ganan en la diplomacia, mientras que a los reyes se los secuestra para pedir rescate, se reprimen las revueltas y se corona a los antipapas. Y esta increíble historia que abarca todo un milenio está lista y esperando que usted pase a la página siguiente.

Capítulo 1 - El Primer Imperio Romano

Los historiadores aún siguen discutiendo sobre la etnicidad de Flavio Odoacro.

Odoacro, un hombre alto, delgado y de complexión fuerte, era un soldado desde la coronilla hasta las suelas gastadas de sus botas. La espada desenvainada en su mano no era tan afilada como el destello de fuego en sus ojos mientras se cernía sobre el emperador de la antigua Roma, exigiendo su rendición. Si era un miembro de las tribus germánicas actuando de forma independiente, un ex soldado del ejército romano o incluso un huno, poco le importaba al joven emperador, Rómulo Augusto, que ahora se enfrentaba a la espada desnuda de Odoacro. Rómulo se había criado en un hogar seguro y privilegiado en Rávena como hijo de un importante comandante del ejército romano, y solo sabía una cosa con certeza sobre el extraño hombre bigotudo que estaba empeñado en matarlo a menos que renunciara al imperio. Odoacro era un bárbaro. Y para el joven romano de sangre noble, "bárbaro" significaba cualquiera que proviniera de fuera de las fronteras de su imperio.

Una vez, el Imperio romano había sido la mayor potencia en Europa, sus fronteras se extendían desde Egipto hasta Gran Bretaña, la Galia y Asia Menor. Pero ahora, se reducía a este único momento: un emperador adolescente acobardado ante un bárbaro, tratando de decidir si rendirse o no.

* * * *

Resulta algo irónico que Rómulo Augusto, a quien a menudo se lo considera como el último emperador de Roma, llevara esos nombres.

En aquel entonces se creía que su primer nombre, Rómulo, era el origen del nombre "Roma". El mito de la fundación de la antigua Roma gira en torno a dos hermanos llamados Rómulo y Remo, los hijos de una Virgen Vestal y Marte (el dios romano de la guerra) o Hércules (un héroe semidiós en la mitología romana). Como Moisés en el Nilo, Rómulo y Remo fueron arrojados al río Tíber de Italia cuando eran bebés por un gobernante vengativo, siendo arrastrados por sus turbulentas aguas. Cuando se lavaba en la orilla, una loba salvaje descubrió a los dos pequeños bebés y los amamantó, manteniéndolos con vida hasta que un pastor se topó con ellos y los adoptó como suyos. Ya adultos, Rómulo y Remo estaban decididos a fundar una ciudad en las mismas colinas por las que habían vagabundeado con su padre salvaje cuando eran solo bebés. Cuando no pudieron ponerse de acuerdo sobre en qué colina construir la ciudad, Rómulo mató a Remo y construyó su ciudad en la Colina Palatina, dando a la ciudad su nombre: Roma.

Ahora se sabe que esta historia es pura mitología. De hecho, la ciudad de Roma probablemente fue el resultado de un grupo de pueblos que se unieron contra un enemigo común en algún momento del siglo VII a. C. La nueva ciudad resultaría ser más poderosa de lo esperado; conquista militar tras conquista militar la convertiría en la ciudad de Roma, y muy pronto sería gobernada por seis reyes que, en general, trabajarían juntos para hacer crecer su poder comunal. Sin embargo, esta historia había sido olvidada en gran medida por los propios romanos en los cientos de años transcurridos entre la fundación de Roma alrededor del 625 a. C. y el nacimiento de su último emperador en el 460 d. C., y creían firmemente en el mito de Rómulo y Remo. El padre de Rómulo Augústulo, Orestes, era un general del ejército romano en una época en la que el otrora gran Imperio romano se estaba desmoronando. Quizás imaginando un renacimiento de su antigua gloria, llamó a su hijo en honor a su mítico fundador.

Cualquiera que sea la verdad detrás de la formación de Roma, en 510 a. C., había eliminado a los rivales que habían unificado las aldeas en primer lugar, los etruscos, y se convertirían en su peor enemigo. Enfurecido por las acciones de sus monarcas, el pueblo romano se levantó contra ellos y se rebeló, derrocando a los reyes y estableciendo un nuevo método revolucionario de gobierno: la república. Si bien esta república dividiría al imperio en dos clases, los patricios ricos que podían ocupar cargos de gobierno y los plebeyos comunes que no tenían ningún poder, también establecería conceptos básicos que servirían de base para el gobierno de los Estados Unidos en la actualidad, como por ejemplo la redacción de una constitución. La República Romana estaba gobernada por dos cónsules apoyados por una complicada red de políticos, incluidos los senadores. La constitución permitía el nombramiento de un dictador durante las emergencias, pero rara vez era el caso. La República romana pudo mantenerse durante casi quinientos años, y solo se disolvería en el 27 a. C. con el ascenso del primer emperador romano.

El último gran dictador de la República romana, Julio César, gobernaría una república muy diferente a la que se podía encontrar en sus inicios: la línea divisoria entre patricios y plebeyos era más fluida, y los plebeyos incluso podían pasar a formar parte del Senado romano. Pero todavía no era lo suficientemente buena para el sucesor de Julio César, Cayo Julio César Octaviano, más conocido simplemente como Augusto. Cuando Julio César fuera asesinado en 44 a. C., Octavio era cónsul junto a Marco Antonio, y el cogobierno no se ajustaba a su naturaleza arrogante. Antonio se casó con la entonces gobernante de Egipto, Cleopatra, y mantuvo un poder considerable hasta que Octavio lo derrocaría en la batalla de Accio o Actium en 31 a. C. y se convertiría en el único gobernante de Roma. Antonio y Cleopatra estaban tan devastados por la derrota que ambos se suicidaron, dejando el camino abierto para que Octavio tomara todo el poder que pudiera obtener. Abandonaría el título de cónsul y se asignaría otro nombre, uno con más poder imperial: emperador. Se renombraría a sí mismo como César Augusto y se haría conocido como el primer emperador romano.

Habían pasado quinientos años desde los días gloriosos de Augusto. Ahora, el último emperador de Roma estaba temblando ante la espada de algún bárbaro, que llevaba el mismo nombre que el del primer gran gobernante de la ciudad. El nombre de Rómulo Augusto insinuaba comienzos y renacimientos, pero se encontraba al final del crepúsculo que había llegado después del largo y glorioso día del poder de Roma. La época de los emperadores había dado lugar a buenos y malos tiempos. Más de 200 años de riqueza y paz conocidos como la *Pax Romana*, desde el 27 a. C. hasta el 180 d. C., habían asegurado que el Imperio romano creciera aún más en poder y tamaño. A pesar de los desastres, como el reinado del salvajemente inestable Calígula y la erupción del volcán Vesubio, que arrasara con dos ciudades en un camino de destrucción al rojo vivo, las fronteras de Roma seguirían creciendo. Una sucesión de líderes fuertes como Adriano, Antonino Pío y Marco Aurelio terminaría en desastre cuando Aurelio, por lo demás un líder sabio y capaz a pesar de gobernar en una época de conflictos devastadores, entregara el imperio a su arrogante hijo Cómodo. A Cómodo no le importaba nada más que su propio lujo, y su extravagancia conduciría a una declinación constante, siendo despojada de tierras y poder a lo largo de una línea de emperadores en constante decadencia. Atila comandó una horda de hunos en 450 para hacer sonar la sentencia de muerte del otrora poderoso Imperio romano, devastando sus fronteras, y las tribus germánicas del este comenzarían a apoderarse de sus tierras, algunas asistidas por el Imperio bizantino, también conocido como el Imperio romano de Oriente.

Pero no fueron ni los hunos ni el Imperio bizantino los que finalmente derrocarían a Roma. De hecho, sería solo otro bárbaro,

Flavio Odoacro. Había formado parte del ejército romano, pero siempre había tenido otros propósitos además de servir al antiguo imperio; en cambio, llevó a sus tropas a invadir Rávena, que había estado actuando como la capital del Imperio romano durante unos 75 años. Y ahora exigía la rendición de Rómulo Augústulo, el mismísimo emperador.

A decir verdad, ante la elección entre una hoja afilada y perder su poder, Rómulo no tardaría mucho en pensarlo. En ese momento, era un chico de dieciséis años y solo había "gobernado" durante menos de un año. Sin embargo, no era más que un testaferro de su padre, Orestes, tomando todas las decisiones en su nombre. En primer lugar, Rómulo probablemente ni siquiera quería el imperio y mucho menos comprendía lo que significaba gobernarlo. Con su padre muerto a manos de tribus que se habían revelado, se rindió de inmediato, y Odoacro decidió que era demasiado joven para morir, enviándolo a vivir una vida pacífica en un palacio en Campania con una generosa pensión proporcionada por el nuevo gobierno de Odoacro.

En lugar de coronarse emperador, Odoacro simplemente se llamó a sí mismo rey, el rey de Italia. Entonces, el Imperio romano se hizo añicos en cientos de países. El gran monstruo de Roma había caído. El imperio estaba muerto.

Pero resurgiría de las cenizas. Pasarían trescientos años, pero una vez transcurridos, como un ave fénix en llamas, el título del Imperio romano surgiría de nuevo.

Capítulo 2 - Los Carolingios

Cuando el antiguo Imperio romano se hiciera añicos, el poder en Europa se dividiría literalmente entre cientos de reyes. El vacío dejado por el imperio se llenaría rápidamente cuando un gran número de pueblos comenzaran a emigrar de otros lugares de Europa, mezclando su cultura con la de los romanos. Entre ellos se encontraban los ostrogodos, que se establecieron en Italia a finales del siglo V y principios del VI y fueron gobernados por el rey Teodorico I, así como los pueblos eslavos, que se establecieron en Europa del Este, y los bretones, que hicieron su hogar en Bretaña.

Las culturas comenzaron a cambiar a medida que las tribus "bárbaras" fusionaron sus costumbres con las formas más educadas de los romanos. La literatura perdió importancia, ya que fue superada por la música y las artes; incluso el latín mismo, que alguna vez fuera el idioma común de todo el imperio, sería reemplazado por dialectos locales derivados del latín que luego evolucionarían al español, el italiano y el francés modernos, entre otros.

La Francia moderna, anteriormente conocida como Galia, que era una gran provincia del Imperio romano, se dividiría en numerosas naciones más pequeñas. Incluirían, Neustria o Neustrasia, Borgoña y Austrasia. Neustria era el reino occidental y resultaría ser el más poderoso de todos.

En 509 d. C., Clodoveo I se convertiría en el primer rey franco, uniendo a todas las tribus francas bajo un solo gobernante. Convertiría su país al cristianismo y luego comenzaría a expandir sus fronteras cada vez más. Aunque solo reinara unos dos años, Clodoveo lograría establecer a Francia como un jugador importante en este nuevo juego que recientemente había perdido una de sus piezas más importantes. Sería conocido como el fundador de la Dinastía Merovingia.

Bajo los merovingios, el reino franco continuaría expandiéndose. Sin embargo, durante el siglo VII sus dos provincias, Austrasia y Neustria, se verían envueltas en un conflicto constante y encarnizado. Para muchos, las guerras traerían terribles pérdidas y sufrimientos; pero otros intentarían explotar este conflicto, incluido Pipino de Landen, el mayordomo de palacio de Austrasia.

Mientras los francos luchaban entre sí, una amenaza mucho mayor se abría paso hacia Europa, comenzando en Arabia. El profeta Mahoma se había levantado entre la gente de allí, proclamando una religión completamente nueva: el islam. Impulsados por sus profecías y creencias, los ejércitos árabes se habían acumulado y estaban haciendo conquista tras conquista en todo el norte de África. Siria, Egipto y Persia habían caído a fines del siglo VII, y aunque para entonces Mahoma había muerto, los ejércitos continuaron avanzando hacia el norte hacia la península ibérica. Tenían la mira puesta en España.

Los descendientes de Pipino de Landen continuaron heredando cada vez más poder como alcaldes del palacio. A mediados del siglo VIII, se encontraban entre las personas más ricas y poderosas de Francia, quizás incluso rivalizando con los merovingios, que todavía estaban oficialmente en el trono franco. A pesar de que los mascarones de proa merovingios llevaban la corona, los descendientes de Pipino serían quienes ejercerían la mayor parte del poder franco, y en ese momento, el reino se había expandido para incluir la mayor parte de la Francia y Alemania modernas.

Uno de los jóvenes miembros de la familia de Pipino, que iba a heredar el poder de su padre, Pipino de Heristal, era Carlos Martel. Carlos era un guerrero fuerte y un líder nato, pero su padre lo había desheredado a favor de un nieto que era 20 años menor que Carlos. Dado que Pipino de Heristal estaba en su lecho de muerte cuando hiciera esto, había pocas esperanzas de persuadirlo de que cambiara de opinión, y la nobleza franca se indignaría por esto. En ese momento, Esa nobleza era generalmente turbulenta, ya que habían comenzado a perder la fe en los reyes merovingios, confiando cada vez más en los alcaldes del palacio, y como Carlos ya era un adulto, sabían que sus vidas serían estables si Pipino moría. Pero esta esperanza se destruiría cuando Teodoaldo, de seis años, fue nombrado heredero de Pipino. La nobleza amenazó con utilizar a Carlos como su líder para una revuelta contra Teodoaldo y su principal aliada, la primera esposa de Pipino, Plectruda. Al ver este peligro, Plectruda decidió eliminar al que percibía como la fuente problema: su hijastro, Carlos Martel. Después de la muerte de su padre, lo encarcelaron en Colonia y lo dejaron pudrirse allí para que Plectruda pudiera ganar poder.

Los intentos de Plectruda fueron infructuosos. Ragenfrido, un neustriano, sacó del camino a Teodoaldo y se declaró Mayordomo del palacio, una medida que fue dócilmente aceptada por el rey Chilperico II. Sin embargo, Calos no caería sin luchar. Salió de prisión en 715 y reunió a los austrasianos, convirtiéndose en su héroe. Cuando Ragenfrido marchó sobre Carlos en un intento de derrotarlo, se convirtió en el primero de muchos comandantes a los que Carlos derrotaría brillantemente. Usando una táctica de fingir retirarse, solo para atraer a su enemigo a una devastadora emboscada, Carlos derrotó a Ragenfrido y tomó su lugar como mayordomo del palacio.

Pero las batallas de Carlos aún no habrían terminado. Incluso cuando la paz y la estabilidad se restablecieron en Francia una vez más, los problemas se estaban avecinando del sur, cuando los moros se acercaban sigilosamente desde España hacia el sur de Francia. El poder del Califato Omeya se expandía desde la India hasta Egipto y

Francia. Charles sabía que el Califato tenía el poder de borrar el estilo de vida europeo, sin mencionar derrocarlo de su nueva posición de poder.

En 732, un siglo después de la muerte de Mahoma, un ejército islámico devastaría el Ducado de Aquitania en Francia. Carlos sabía que tendría que poner fin a esto antes de que el Califato arrasara toda Francia. Teniendo en cuenta que se enfrentaría a un imperio que podría haberse tragado todo su país varias veces, debe haber sido un desafío abrumador, pero frente al que el alcalde de palacio se levantaría con tenacidad. Inspirado por sus constantes victorias militares desde su primera pelea contra Ragenfrido en 715, su ejército estaba listo para seguirlo a cualquier parte. Entonces, lo llevaría a las puertas de la muerte.

* * * *

Carlos Martel y su ejército habían estado atrincherados durante una semana, y aun así, Abu Said Abd ar-Rahman al-Gafiqi, el comandante omeya cuyo ejército de entre 20.000 y 80.000 hombres que estaban a unos pocos kilómetros, no había hecho su movimiento.

Carlos no esperaba esto. Miró en dirección al campamento omeya, sabiendo que sus exploradores estaban ahí afuera en ese momento, tratando de infiltrarse en el campamento para liberar a los esclavos y prisioneros que esperaban adentro. Una brisa helada de octubre flotaba en el aire con la Carlos estaba familiarizado, pero aun así no tenía sentido para él que los omeyas estuvieran acampando allí en lugar de atacar al ejército de Carlos en un intento por llegar a Tours y al calor de su fortaleza lo más rápido posible. Los omeyas no estaban acostumbrados a esa temperatura, habiendo crecido en las cálidas arenas del Medio Oriente, a diferencia del ejército franco de Carlos. ¿Por qué dudaba Rahman? Los soldados francos contaban con entre 15.000 y 80.000 hombres, y por supuesto, la mayoría de ellos eran de infantería; no deberían ser rivales para el ejército de Rahman que tenía más del doble de tamaño y estaba compuesto por jinetes prácticamente imbatibles. Las caballerías islámicas iban montadas en caballos árabes que eran más rápidos, más resistentes y ágiles que cualquier que los francos hubieran visto antes.

Sin embargo, aun así, Rahman vacilaba, ya que había estado dudando durante una semana entera. La verdad era que no esperaba encontrar ninguna forma de resistencia real mientras recorría Aquitania hacia el resto de Francia. Su campaña en Francia había sido pan comido; el duque de Aquitania no tenía ninguna posibilidad contra él, y aunque Carlos tenía la reputación de ser un comandante capaz, Rahman no esperaba que tuviera un ejército tan grande y experimentado. Durante años, Carlos se había estado preparando para esta amenaza, entrenando un ejército profesional en lugar de arrastrar reclutas inexpertos de las granjas y poner cualquier arma vieja en sus manos. Estos hombres, en particular la infantería, eran veteranos bien equipados. Rahman se había sorprendido cuando los había encontrado esperando su llegada entre Tours y Poitiers; estaban bien atrincherados en una posición defendible, con árboles y un acceso cuesta arriba que complicaba cualquier ataque de caballería.

Pero a medida que pasaban los días y el invierno del norte comenzaba a asomarse por las colinas, Rahman se enfrentaría a una amenaza mucho más grave que la de los francos. El frío era mortal y sus hombres ya estaban empezando a sucumbir a él. Sabía que tenía que apartar del camino al ejército de Carlos y capturar otra fortaleza antes de que llegara el invierno, o se arriesgaría a perder todo el terreno que había ganado ese verano.

El 10 de octubre de 732, por fin el ejército de Abdul Rahman atacó. En ese momento, la infantería de Carlos estaba lista para esperándolos. Cuando esos caballos veloces subieron a raudales por las colinas, montados por hombres con el fuego de su fe detrás de sus flechas cantoras, los francos se mantuvieron firmes, repeliendo el primer avance. También rechazarían el segundo, el tercero y el cuarto. Ola tras ola de soldados de caballería golpearon las filas de la infantería franca que aguardaban, en algunos lugares las líneas se abrieron y se rompieron, pero cada vez que un Franco caía, siempre había otro dispuesto a ocupar su lugar sin miedo. En un momento, los omeyas lograron abrirse paso hasta llegar al mismo Carlos Martel. Pero sus leales guardaespaldas se unirían en torno a su líder, y este avance también sería rechazado.

De vuelta en el campamento omeya reinaba el caos; los exploradores de Carlos habían puesto en libertad a los prisioneros y estaban más que dispuestos a saquear a sus enemigos y destruir su campamento. Al escuchar estos los informes, Rahman separó a una sección del ejército y regresó al campamento. Esta acción sembraría el pánico entre sus soldados todavía en medio de la batalla. ¿Por qué se estaba retirando su líder? La confusión frenó su lucha y, por fin, con los francos aprovechando su ventaja, los omeyas perdieron los nervios. Hicieron girar sus caballos y se alejaron lo más rápido que podían.

En lugar de perseguir a sus enemigos, Carlos ordenó a su ejército que se mantuviera firme, esperando un segundo ataque tan pronto como Rahman pudiera reagrupar a su ejército. Pero Rahman no estaba acostumbrado a la derrota y se asustó. Continuaría retrocediendo todo el camino de regreso a la península ibérica, Francia se había salvado.

* * * *

Esta gran victoria le valdría a Carlos su apellido, Martel, que significa "el Martillo". Aunque los historiadores debaten la importancia de la victoria de los francos en Tours, sería un punto de inflexión en la expansión islámica y el poder del califato omeya que seguía disminuyendo. Parecía que la victoria de Carlos iba a cambiar la historia para siempre. Europa habría sido un lugar muy diferente incluso hasta el día de hoy si Rahman hubiera aplastado al ejército franco y toda la cristiandad occidental hubiera caído.

La victoria en Tours también impulsaría el poder de Carlos dentro de Francia. Para la nobleza que había perdido completamente la fe en los reyes merovingios esta fue la gota que colmó el vaso y ahora creía firmemente en Carlos como su héroe y gobernante. En 751, el rey franco, Childerico III, fue depuesto por el papa Zacarías; en su lugar, el hijo de Carlos, Pipino el Breve, fue coronado Rey de los Francos.

Su coronación marcaría el comienzo de la dinastía carolingia y una era de gran poder franco, un poder que alcanzaría su apogeo no como un reino sino como un nuevo Imperio romano, el Sacro Imperio romano

Capítulo 3 - Padre de Europa

Ilustración I: Una estatua ecuestre de Carlomagno, que hoy se encuentra en la Basílica de San Pedro, el lugar histórico de la coronación de los emperadores

Cuando Pipino el Breve se convirtió en el primer rey carolingio, su hijo, llamado Carlos en honor a su ilustre abuelo, tenía nueve años. Pipino apenas se imaginaba que su hijo pequeño algún día superaría tanto a Pipino como a Carlos Martel en sus logros, no solo en el campo de batalla sino también en la cultura.

El joven Carlos parece haber sido una especie de niño estudioso. Era culto, disfrutaba de la literatura de joven prendería varios idiomas; también tenía un gran interés por las artes y la música. Sin embargo, Carlos era un joven ambicioso y existía una fuerte rivalidad entre él y su hermano menor, Carlomán. Siendo el mayor, Carlos fue llevado a campañas con su padre Pepino, y cuando tenía veintitantos años ya era un experimentado joven soldado y comandante militar.

Carlomán I tenía solo 17 años, y Carlos 26, cuando se murió Pipino en 768. Su reino, como era tradición franca, pasaría por igual a sus dos hijos; sin embargo, su rivalidad continuaría, y Carlos demostraría una vez más ser el comandante más capaz y el gobernante más fuerte. Estas características enfurecían a su hermano, quien se sentía permanentemente a la sombra de Carlos, pero también le valdrían a Carlos el nombre con el que está inscripto en la historia: Carlos el Grande o Carlomagno.

A pesar de su difícil relación, Carlomagno y Carlomán lograrían gobernar juntos durante varios años. Ambos encontrarían esposas; Carlomán obedecería las órdenes de su difunto padre y encontraría a una simpática chica franca llamada Gerberga. Por otro lado, con Carlomagno, habría de ser diferente. Buscando una alianza con el reino cercano de los lombardos para aumentar su poder y el de Francia, Carlomagno se casaría con la princesa de los lombardos, Desiderata. En ese momento, el papa Esteban III, estaba muy enojado por esto y presionaría a Carlomagno para que se casara con una franca, ya que los lombardos habían sido enemigos de las tierras papales durante mucho tiempo. Sin embargo, tenía poco que temer. Carlomagno repudiaría su matrimonio con Desiderata en 771 después de menos de un año de matrimonio, causando indignación en el reino lombardo, tanto que el rey Desiderio, el padre de

Desiderata, buscó una alianza con Carlomán para derrocar a su hermano. Carlomán se mostró muy feliz de cumplir, y la guerra civil se hizo inminente en Francia, pero sus planes se vieron frustrados en diciembre de 771 por la prematura muerte de Carlomán por causas naturales.

Sin embargo, Desiderio no desistiría de su plan. Iba a derrocar a Carlomagno por rechazar a su hija, y si las tierras papales tenían que caer en el proceso, que así fuera.

En 772, Adriano I se convertiría en papa, y con su sucesión llegaría una demanda para el rey Desiderio. Desiderio había prometido devolver algunas ciudades del Exarcado de Rávena, un señorío en Italia que había terminado en manos de los lombardos en 751, bajo el control papal cuando se convirtió en rey, pero no cumpliría con su promesa. Esteban III había parecido demasiado cauteloso para seguir adelante. Por otro lado, Adriano I, estaba decidido a recuperar esas ciudades. Sin embargo, sus demandas no se atenderían buenamente. En lugar de devolver las ciudades como había prometido, Desiderio lanzó una invasión a gran escala de las tierras del papa en la costa del Adriático.

El papa estaba prácticamente indefenso ante los devastadores lombardos. Se volvió una vez más hacia Francia, el antiguo aliado del papado, en busca de ayuda. Los embajadores papales se dispusieron a reunirse con Carlomagno para pedirle protección contra los lombardos; los embajadores lombardos harían lo mismo, pero negaron todos los cargos del papa. Carlomagno se reunió con ellos en Thionville en el invierno de 772-773 declarando su apoyo al papa.

Esta acción precipitó el comienzo de un poderoso imperio y una poderosa alianza entre el rey franco y el papa en Roma. Carlomagno reunió a su ejército y cabalgó al encuentro de los lombardos, protegiendo a la Iglesia como lo había hecho su abuelo Carlos Martel años atrás en Tours. Condujo a los lombardos todo el camino de regreso a su país y siguió conduciéndolos hasta que el Reino de los lombardos finalmente se vio abrumado. Adriano I, se llenó de alegría y gratitud por la protección que le había brindado Carlomagno y decidió honrar al rey franco. En cuanto a Carlomagno, en lugar de simplemente asimilar el reino lombardo a Francia, se hizo conocido como el rey de Francia y de los lombardos. Su mirada no estaba puesta simplemente en expandir su reino.

Estaba apuntando a un imperio.

* * * *

Día de Navidad, año 800. La Basílica de San Pedro, conocida hoy como Basílica de San Pedro Vieja para distinguirla de la basílica actual que se encuentra en el mismo lugar, se vistió con todo su esplendor para la ocasión especial. Mosaicos relucientes decoraban las paredes y el piso; el imponente y vacío salón estaba lleno de luz pura del sol invernal, brillando sobre las invaluables obras de arte y la intrincada arquitectura que hacían de la basílica una de las más prominentes de Roma.

En los 26 años transcurridos desde su victoria sobre los lombardos, Carlomagno había demostrado ser uno de los aliados clave del papa. Había pasado gran parte de su tiempo luchando contra moros y sarracenos, términos medievales para varios pueblos musulmanes, en España y el Mediterráneo; estos archienemigos de la Iglesia católica romana serían fuertemente rechazados por Carlomagno y sus tropas. En Sajonia (parte de la Alemania actual), Carlomagno se ganaría la reputación de ser un invasor despiadado; atacó a las tribus germánicas nativas y les ordenó que se convirtieran de su fe pagana al cristianismo católico o serían ejecutados. Muchos de los sajones se negaron y terminaron siendo asesinados, sobre todo en la Masacre de Verden, en la que 4.500 sajones fueron brutalmente asesinados por ser paganos. A pesar de luchar fieramente contra Carlomagno y su crueldad, los sajones nunca tuvieron una oportunidad contra su enorme ejército, y fueron completamente sometidos a principios del siglo IX. Sajonia se convirtió en nada más que una provincia de Francia, y además católica romana, expandiendo el poder de la Iglesia y, por lo tanto, del papa.

Hacia el año 800, Carlomagno había demostrado ser uno de los líderes y comandantes militares más fuertes de Europa. Tampoco había olvidado su amor de niño por las artes; Fomentaría la música, el arte y la literatura, e incluso ayudaría a formar la minúscula carolingia, precursora del alfabeto moderno. Estaba tan profundamente involucrado en la cultura que su reinado se conocería como parte del Renacimiento carolingio.

Todas estas cosas le habían hecho querer mucho al papa Adriano I y, después de su muerte, a su sucesor León III, al que solo le quedaba un gran rival: el Imperio bizantino. Y con una mujer en el trono de Constantinopla, la emperatriz regente Irene de Atenas, se consideraba que el Imperio bizantino se encontraba en un estado debilitado. Era el momento adecuado para el surgimiento de un nuevo imperio, un rival para Constantinopla y una unificación de Europa, y León iba a hacer que sucediera en el día más santo del calendario de la Iglesia: Navidad.

La misa de Navidad acababa de celebrarse en San Pedro y el ambiente dentro de la basílica era electrizante. La Europa medieval celebraba la Navidad con tanto entusiasmo, si no más, como el mundo moderno; había cantos y banquetes, e incluso la misa normalmente solemne y ceremoniosa tenía un espíritu de celebración. Después de años de turbulencias en toda Europa, la Iglesia celebraba no solo el nacimiento de Cristo, sino también una época de prosperidad y estabilidad. Carlomagno, por supuesto, estaba allí. Aunque su hogar estaba en su palacio en Aquisgrán, celebraría diligentemente las fiestas religiosas con su aliado papal en Roma.

Después de la misa, Carlomagno se levantó de su lugar entre su familia en la basílica. Se acercó al hermoso altar, decorado con mosaicos, algunos de ellos representando acontecimientos de la primera Navidad en sí, como la adoración de los Reyes Magos. De rodillas, en la misma actitud que los sabios del mosaico, Carlomagno cruzó las manos en oración.

El papa León III vio su oportunidad. Se levantó de un salto, sosteniendo una reluciente corona dorada, y la colocó sobre la cabeza de Carlomagno. "¡Por Carlos Augusto!" gritó, su voz resonando en la gran basílica. "¡Coronado por Dios, al grande y pacífico emperador de los romanos, vida y victoria!".

Su grito resonaría tres veces más. Carlomagno, que posiblemente no tenía idea de los planes del papa León III, solo pudo quedarse arrodillarse allí en estado de shock cuando la gente en la basílica se unió al papa en su último grito. Los historiadores debaten si Carlomagno había tomado parte en los planes del papa para coronarlo emperador; de cualquier manera, aceptaría fácilmente su nuevo título, aunque su coronación fuera algo inusual. También lo hicieron el resto de sus súbditos, que veían a Carlomagno como la figura visible del poder, la prosperidad y la estabilidad.

Para Carlomagno, la coronación fue un paso más hacia su objetivo final: una Europa unificada, gobernada bajo su firme mano. Y el nombre Sacro Imperio romano sonaba bien.

Capítulo 4 - Un Emperador Formal

El resto del gobierno de Carlomagno solo lo vería a él y al nuevo imperio expandirse y crecer en poder e importancia. Carlomagno era despiadado y, a veces, cruel, como se haría evidente en sus acciones en Sajonia, pero en muchos sentidos, fue un gobernante extremadamente capaz lo que le valdría el apodo histórico de "Padre de Europa".

Habiendo gobernado como rey de los francos durante casi 46 años, y como emperador del Sacro Imperio romano germánico durante unos 13 años, Carlomagno murió en enero de 814 a la edad de 71 años. A pesar de que se había establecido como uno de los gobernantes más importantes. de su tiempo, murió deprimido e insatisfecho; habría querido lograr y conquistar aún más. Su imperio, conocido como el Imperio carolingio, fue el hogar de hasta veinte millones de personas. Se extendería por gran parte de Europa, abarcando la actual Francia, Alemania, Bélgica, Suiza, los Países Bajos, Austria, Eslovenia y partes de Italia, entre otros.

Tras la muerte de Carlomagno, su poder pasaría a su hijo, Luis el Piadoso. Luis había sido rey de Aquitania durante algún tiempo, y Carlomagno lo había estado preparando como su único sucesor desde la muerte de su otro hijo legítimo, Carlomán; Luis había sido co-emperador con su padre desde 813. Luis conservaría el poder de su padre hasta su muerte en 840, tras lo cual el imperio se dividió entre sus tres hijos. La rivalidad entre los tres hermanos resultó demasiado grande; disputarían sobre cuál de ellos era emperador, sin que ninguno de ellos fuera coronado formalmente, y el imperio se vino abajo menos de un siglo después de la muerte de Carlomagno.

Sin embargo, el fin del Imperio carolingio no resultaría ser el fin del nuevo Imperio romano Occidental. De hecho, el nuevo imperio recién comenzaba a experimentar un ascenso a la prominencia que duraría un milenio.

* * * *

Luis el Niño fue el último rey de la dinastía carolingia que gobernara en Francia Oriental y murió en 911. Después de que el Imperio carolingio se derrumbara tras la deposición de su último gran gobernante, Carlos el Gordo, en 887, la familia carolingia mantuvo el control sobre el corazón del imperio: Francia. Sin embargo, Francia en ese momento se había estado dividiendo permanentemente en Francia Occidental (Francia) y Francia Oriental (Alemania). Continuaron reinando como reyes de los francos, aunque con un poder reducido en comparación con el poder que había ejercido su antepasado Carlomagno.

Carlos el Gordo había sido depuesto en un golpe de estado dirigido por su sobrino, Arnulfo de Carintia, un año antes de su muerte. Históricamente considerado como un gobernante muy inferior a su tío depuesto, Arnulfo no fue rey durante mucho tiempo. Deshizo la unificación en la que Carlos el Gordo había trabajado tan arduamente para lograr y gobernaría durante doce años, muriendo en 899 y dejando el trono a su pequeño hijo. Luis el Niño tenía solo seis años cuando se convirtió en el rey de los francos orientales, y Francia oriental sufrió aún más bajo su "gobierno"; de hecho, el papel del pequeño Luis era casi completamente simbólico. No solo era demasiado joven para gobernar sin un regente, sino que también era un niño enfermizo, y Francia Oriental se encontró en manos de nobles en disputa que se preocupaban más por hacerse con el poder que por defender Francia Oriental de los magiares (invasores húngaros). Luis murió en el 911 a los diecisiete años, justo antes de que pudiera hacerse cargo del reino. En su lugar, un duque, Conrado de Franconia, fue elegido rey. Su coronación fue el fin oficial del gobierno de la dinastía carolingia en Francia Oriental, y hoy se le conoce como Conrado I, rey de Alemania. Pasó la mayor parte de su reinado tratando de defender el poder del reino contra los duques locales, que estaban listos para tomar el control de sus débiles manos. Uno de los más peligrosos de estos duques fue Enrique de Sajonia, pero Conrado logró hacer las paces con él durante su reinado. Enrique demostraría ser un líder fuerte a los ojos de Conrado hasta tal punto que cuando Conrado murió en 918, dejó su título a Enrique en lugar de a su hermano menor, Everardo. Conrado podía no haber sido amigo de Enrique, pero reconocía su capacidad y creyó que él era el único capaz de defender la corona contra el resto de los duques.

Enrique, también conocido como Enrique el Cazador, demostraría ser un rey tan capaz como lo había sido como duque. Lograría hacer las paces con los magiares merodeadores, algo que Conrado no había podido lograr, y protegería bien al país hasta su muerte en 936. Su hijo, Otto I, fue elegido rey en su lugar.

En este momento, el imperio que había presidido Carlomagno era un pedazo de historia. Desde la muerte de Carlos el Gordo, el papa había continuado coronando a los llamados "emperadores", pero ellos controlaban solo pequeñas áreas de Italia y tenían un poder comparable al de un duque o un rey menor. Sin embargo, todo eso estaba a punto de cambiar. Enrique no deseaba la corona imperial, pero su hijo y sucesor era un hombre muy diferente.

Y todo comenzaría con una hermosa mujer.
* * * *

Adelaida de Borgoña tenía solo veinte años, pero ya había llevado una vida del tipo de aventuras que normalmente se encuentran en las novelas en lugar de en la historia. Como princesa de Borgoña, se casó con Lotario II, el rey nominal de Italia, con solo quince años, convirtiéndose en una reina adolescente. La unión fue breve e improductiva; solo tres años después, en 950, Lotario sería envenenado por el ambicioso Berengario II de Ivrea.

A Berengario le importaba nada más que hacerse con el poder para sí mismo. Desde joven, Berengario había liderado revueltas contra su tío, el rey Hugo de Italia; de hecho, Hugo estaba listo para atacar y matar a Berengario cuando su hijo, Lotario II, advirtió al joven rebelde del complot. Berengario huyó a la corte de Otto I, el rey de Alemania, quien no quiso involucrarse en el conflicto italiano, pero sin embargo permitiría que Berengario regresara a Italia con algunos mercenarios como respaldo. Allí, probablemente Berengario envenenó a Lotario, que ahora era rey, a pesar de que el joven lo había ayudado a escapar de la ira de Hugo. Al usurpar el trono de Lotario, Berengario, conocido en este momento como Berengario II de Italia, quería saquear algo más que solo el tesoro real, sino también los dormitorios reales. Trató de obligar a la viuda de Lotario, la joven y hermosa Adelaida, a casarse con su hijo. Adelaida se negó. Estaba indignada por la traición de Berengario, especialmente porque Lotario le había dejado la corona de Italia. Berengario la encarceló por su terquedad, y la luchadora joven reina se negó a languidecer en la cárcel. Con la ayuda de su amigo, un sacerdote, salió de la prisión por un túnel y escapó al castillo de Canossa, cerca de Reggio, donde el obispo la protegería.

Esta protección no fue suficiente. Berengario se había dado cuenta de que había subestimado a esta intrépida joven; no era una damisela en apuros, lista para darse la vuelta y someterse al usurpador, sino una monarca colérica que no capitularía.

Sin embargo, Adelaida muy pronto reconocería que el trono podría haber sido legítimamente suyo, pero no el ejército. Berengario sitió a Canossa, dispuesto a derribar a cualquiera que se atreviera a interponerse en su camino para recuperar a la reina. Sabía que necesitaba refuerzos, y también sabía que Otón I, rey de Alemania, había perdido recientemente a la princesa inglesa que había tomado como esposa. Una unión entre Italia y Alemania solo podría beneficiar a ambos reinos, por lo que Adelaida se acercó a Otón con un trato: su salvación de Berengario II por su mano en matrimonio.

En ese momento, el año 951 Otón ya había sido rey durante quince años. Su tiempo en el trono no había estado exento de oposición; de hecho, tuvo que aplastar las revueltas de numerosos duques, así como de su hermano y medio hermano menor. Su medio hermano, Thankmar (o Tammo), había muerto en batalla; su hermano menor, Enrique, había intentado matar a Otto dos veces, y dos veces Otón lo había perdonado, convirtiéndose finalmente en su aliado. También había expandido su reino hacia el este y convertido en tributario del príncipe de Bohemia. Todos estos éxitos militares lo convirtieron en uno de los reyes más respetados de Europa en ese momento, y para Adelaida solo tenía sentido acercarse a él.

Cuando fue llamado por una de las mujeres más importantes e intrigantes del mundo conocido, Otón respondió de inmediato. Salió de Alemania con un respetable ejército, conquistó a Berengario II y arrasó con Adelaida para convertirse en su nueva reina. Esta victoria dejaría a Otón con los títulos de rey de Alemania y rey de los lombardos, haciéndose eco del título de Carlomagno como rey de los francos y lombardos.

A pesar del duro trato del que Berengario le dio a Adelaida, Otón, como era su costumbre, intentó mostrar misericordia al usurpador. Le permitió seguir siendo el rey de Italia siempre que se comportara como vasallo. Berengario, sin embargo, no tenía intención de someterse. Permaneció tranquilamente en Italia durante los siguientes diez años, mientras Otón y Adelaida disfrutaban de un matrimonio exitoso, Adelaida dando a luz a varios de los hijos de Otón, hasta que repentinamente, en 961, lanzó una invasión a los Estados Pontificios. En ese momento, Otón era uno de los hombres más poderosos de Europa. Había aplastado una revuelta de su hijo mayor (cuya madre era la primera esposa de Otón, Edith de Inglaterra) y había puesto fin a todas las invasiones magiares de Francia Oriental con una contundente victoria contra ellos en 955. Con reminiscencias del llamamiento del papa Adriano I a Carlomagno, el papa Juan XII se dirigió a Otón en busca de ayuda, y esta vez Otón no mostraría la misma misericordia a Berengario. Como había hecho con Adelaida, Otón llegó cargando sobre los Alpes y encarceló a Berengario de una vez por todas.

En recompensa, el papa Juan XII coronó a Otón como el nuevo emperador del Sacro Imperio romano germánico, el primero desde la muerte de Carlos el Gordo en 888 en tener una autoridad imperial real. Se redactó un tratado formal conocido como Privilegium Ottonianum (también conocido como Diploma Ottonianum) para regular la relación entre el papa y el emperador del Sacro Imperio romano germánico, y así Otón se convertiría en el primer emperador formal del Sacro Imperio romano germánico.

Pero los problemas de Otón no terminarían con el papa Juan. De hecho, estaban comenzando.

Capítulo 5 - El Calígula del Cristianismo

Hay una razón por la cual los historiadores han apodado al papa Juan XII como el "Calígula del Cristianismo".

Juan tenía solo 18 años (aunque se discute su año de nacimiento, por lo que es posible que estuviera más cerca de los 25) cuando se convirtiera en papa, gracias en gran parte al titiritero político que fue su padre, Alberico II de Spoleto. Alberico había derrocado a su propia madre (esto a pesar de que entonces, y ahora, no se sabe cuál de las muchas concubinas y amantes de Alberico era en realidad la madre de Juan; también es posible que su madre haya sido la hermanastra de Alberic) para tomar el poder en Roma; él mismo había sido el gobernante de facto de Roma y en su lecho de muerte obligaría a los nobles romanos a prometer que convertirían a Juan en su sucesor. Al hacerlo, entregaba a su hijo adolescente todo el poder en Roma en bandeja de plata, que terminaría tan bien como era de esperar.

Famoso por su terrible comportamiento, Juan parecía considerar su nueva posición como líder de la Iglesia Occidental con poca ambición por cualquier forma de liderazgo. En cambio, parecía tener una lista de verificación de los siete pecados capitales, y parecía decidido a hacer justicia a cada uno de ellos. Bebía, maldecía, fornicaba, violó a sus hermanas y a su sobrina, invocaba a los dioses paganos, se negaba a hacer la señal de la cruz, profanaba los lugares sagrados y cuando alguien se atrevía a acusarlo de su libertinaje, lo había cegado (o, alternativamente, castrado) y luego asesinado. De hecho, Juan era exactamente lo contrario de lo que se suponía que debía ser un papa, por lo que cuando coronó a Otón como emperador del Sacro Imperio romano germánico, es poco probable que sintiera mucho de esa supuesta santidad. Otón fue un gobernante sabio y poderoso que en ese momento tenía casi cincuenta años; había luchado ferozmente para defender su reino durante su gobierno, y es más que probable que en realidad despreciara a Juan y solo acudiera en su ayuda debido a la tentadora oferta de Juan de convertirlo en emperador. De hecho, mientras Otón estuvo en Roma recibiendo el título, advertiría a Juan contra su terrible comportamiento. Obviamente Juan, no escucharía ni una palabra.

Probablemente Juan sabía que a Otón no le había gustado cuando se enteró de que Berengario II se estaba apoderando de algunas de sus tierras. Sin embargo, Juan no era solo un asesino y un violador, también era un mentiroso y un traidor, y tan pronto como Otón regresó a Alemania y comenzó a actuar como emperador, Juan no cumplió su palabra. Se retractaría de las promesas que había hecho en el Privilegium y, en cambio, se volvió hacia el aliado más improbable de todos: el hijo de Berengario, Adalberto. Prometiendo hacerlo emperador en lugar de Otón, conspiraría con el hijo de su antiguo enemigo para deshacerse de Otón.

Menos de un año después de ser coronado emperador, Otón tendría que lidiar con una revuelta contra él. En ese momento, las rebeliones no eran nada nuevo para él; se había enfrentado a enemigos mucho más intimidantes que el vulnerable joven papa. Marchó de regreso a Roma, aplastó toda la oposición rebelde, hizo que Juan, presa del pánico, metiera la cola y huyera, y convocó a un sínodo de obispos para llevar a Juan a juicio por sus muchos pecados. Juan se negaría a comparecer, pero los obispos no se inmutarían.

Encantados de deshacerse finalmente de esta amenaza, depusieron a Juan y en su lugar hicieron papa a León VIII. Satisfecho de haber restablecido la paz en Roma, Otón regresó a Alemania. Pero mientras el gato estaba fuera, el más pecador de todos los ratones salió a jugar. Ahora que el aterrador Otón le había dado la espalda, Juan regresó a Roma y comenzó a torturar a los obispos que le habían dado su título a León. Aterrorizado, León no tuvo más remedio que huir, rogándole a Otón que regresara y lo ayudara.

Pero Otón ya había tenido suficiente. Como Berengario, Juan ahora lo había llevado al límite y regresó a Roma, listo para hundir una espada en las traicioneras entrañas de Juan. Sin embargo, al final, no fue su traición la que alcanzaría a Juan; fue su adulterio. Fue asesinado por un marido enojado en 964 después de ser sorprendido en la cama con su esposa. En palabras del historiador de Otón, el diablo mismo había venido a buscar a su más fiel servidor.

* * * *

Otón pasaría varios años en Roma, poniendo de nuevo a León en su posición legítima como papa calmando los ánimos que Juan había crispado con tanto éxito durante su papado. Este movimiento fue un acto de diplomacia muy necesario; después de todo, Juan había sido quien había nombrado emperador a Otón, y habría sido fácil para la Iglesia denunciar esa decisión como había denunciado todas las acciones de Juan. No obstante, Otón llegaría a ser visto como el salvador de la Iglesia, y demostraría ser su capaz protector. La paz y la prosperidad caracterizaron los siguientes nueve años de su reinado.

En 967, el día de Navidad, quizá haciéndose eco de la coronación de Carlomagno casi doscientos años antes, Otón sabía que estaba envejeciendo y también que el Sacro Imperio romano germánico estaba en su infancia. Para asegurar su estabilidad, coronó a su hijo, Otón II, como co-emperador. Cuando Otón I murió en 973, dejó una Europa mucho más unida que aquella en la que había nacido. Otón II se convirtió en el único emperador en lugar de su padre, y Otón I fue enterrado junto a su primera esposa, Edith. La reina que había rescatado de Canossa, Adelaida, le había sobrevivido.

Uno de los últimos intentos de Otón I por unificar Europa fueron sus negociaciones con el Imperio bizantino. Históricamente enemigo de Europa Occidental, el Imperio bizantino respetaba el poder y el éxito de Otón I como líder y formó una alianza con él. Buscando cimentar la alianza, Otón envió al obispo de Colonia a pedirle al emperador bizantino, Juan I Curcuas, llamado Tzimisces, la mano de su hija en matrimonio con Otón II. Tzimisces respondió enviando a su sobrina, Teófano. Aunque ella no era la princesa que Otto I había estado esperando, sabiamente decidió no seguir insistiendo, y Teófano se casó con Otón II en 972, convirtiéndose en emperatriz del Sacro Imperio romano germánico. Poco después de su boda, Otón I murió

Teófano no se llevaba bien con Adelaida. Adelaida la veía como una extranjera que hacía cosas extrañas, como bañarse todos los días y usar tenedor (un invento que aún no había llegado a Europa Occidental). Entre las dos existía una tensa rivalidad, posiblemente ayudada por la problemática tendencia de Adelaida a gastar tanto dinero en caridad que pondría en grave peligro las arcas imperiales.

Otón II enfrentaría el comienzo de su reinado de la misma manera que lo había hecho su padre. Su primo, acertadamente llamado Enrique el Pendenciero, también conocido como Enrique II, duque de Baviera, encabezó una revuelta contra él en el sur de Alemania; aproximadamente al mismo tiempo, el rey de Francia invadió Lorena. Si bien Otón logró repeler ambos ataques, no disfrutaría de los mismos éxitos militares que tuvo su padre durante el resto de su breve reinado. Sin embargo, tenía una reputación de generosidad, especialmente con la Iglesia, algo que probablemente aprendió de su madre, Adelaida.

Sin embargo, a pesar del apoyo de Otón, el papado estaba experimentando algunas dificultades. El papa Benedicto VI había sido asesinado y su trono usurpado por un peligroso antipapa, Bonifacio VII. Sin cumplir con ninguno de los deberes papales sino buscando todos sus lujos, Bonifacio saquearía la Iglesia por todo lo que Adelaida y su hijo le habían dado, causando el caos en Roma hasta que Otón viniera a deponerlo en 974, y eligiera en su lugar a Benedicto VII como papa. No obstante, Benedicto solo sobreviviría hasta 983; ese año Otón tuvo que regresar a Roma para entronar al papa Juan XIV, pero sus repetidos viajes a Italia resultarían costosos de dos maneras. En primer lugar, su ausencia de Alemania alentaría levantamientos en su frontera oriental y, en segundo lugar, mientras estaba en Roma, Otón contraería la malaria que incluso ahora es mortal, pero en esa época, era aún más mortal. El 7 de diciembre de 983, Otón II moriría en su palacio.

Dejó como heredero a su hijo de tres años, Otón III, y el todavía incipiente Sacro Imperio romano estaría al borde de ser destrozado por una regencia en disputa. De hecho, el Sacro Imperio romano podría haber terminado allí una vez más si no fuera por un extranjero que comía con tenedor: Teófano del Imperio bizantino.

Capítulo 6 – El Antipapa

Otón III, de tres años, era el sucesor obvio del título de emperador del Sacro Imperio romano germánico después de la prematura muerte de su padre, pero una regencia tendría que gobernar en su lugar hasta que alcanzara la mayoría de edad. Quizás con la esperanza de asegurarse más poder para sí mismo, regresaría un viejo enemigo de Otón II: Enrique el Pendenciero.

Enrique era primo de Otón II y había hecho todo lo posible por deponer al exemperador durante su reinado. En 977, sería encarcelado por su rebeldía, pero cuando Otón II murió, fue liberado nuevamente. Seis años de prisión habían hecho poco para calmar el apetito de poder de Enrique. De hecho, lo había vuelto aún más desesperado; su antiguo ducado, Baviera, le había sido arrebatado y ahora no tenía nada. Nada excepto ambición. Y ahora que la familia real era vulnerable y todo el imperio se tambaleaba por el golpe de la prematura muerte de Otón II, Enrique vio su oportunidad de obtener el poder que ansiaba. Manipularía a un arzobispo para que lo proclamara regente, y la nobleza, que estaba nerviosa por la repentina desaparición de su emperador, no haría ningún intento por detenerlo.

Su única oposición provino de dos mujeres que ya habían sido subestimadas: la madre y la abuela de Otón III, Teófano y Adelaida. Lamentablemente, las dos mujeres estaban en Italia en el momento del fallecimiento de Otón II, mientras que el niño Otón III estaba de regreso en Alemania. Enrique hizo caso omiso de sus protestas, entró y se hizo cargo de la regencia.

Los regentes de esa época tenían más de una responsabilidad. No solo estaban destinados a cuidar del reino, sino que también se suponía que debían actuar como guardianes de los jóvenes herederos, guiándolos y criándolos para que pudieran ocupar el lugar que les correspondería una vez que tuvieran la edad suficiente. Sin embargo, Enrique no tenía la intención de ayudar a Otón a convertirse en el próximo emperador. En cambio, quería ese poder para sí mismo. Hizo campaña entre los duques, arzobispos y otros hombres poderosos de Alemania, instándolos a rechazar a Otón III y jurarle lealtad. Sin embargo, la nobleza de Franconia, se le opuso con una resistencia tan fuerte que Enrique finalmente creyó que la guerra civil era inminente. Cuando Teófano y Adelaida regresaron de Italia y comenzaron a amenazar con luchar contra Enrique, supo que finalmente había sido derrotado. Se rendiría en 985 y sería devuelto a su puesto de duque de Baviera como recompensa por tomar la sabia decisión de rendirse.

Otón III, ahora un niño de cinco años fue devuelto al cuidado de su madre y su abuela, quienes asumieron la regencia en lugar de Enrique. Ninguna de estas mujeres pretendía quitarle el título a Otón, pero ambas eran capaces e innegablemente poderosas. Adelaida había estado silenciosamente detrás de escena durante tres generaciones de emperadores y probablemente sabía más acerca de cómo dirigir un imperio que la mayoría de los nobles en ese momento; Teófano, aunque todavía estaba un poco disgustada por las formas bárbaras del Imperio romano Occidental en comparación con el Imperio bizantino, estaba decidida a que su hijo tuviera éxito. Las dos enérgicas damas dejaron de lado sus diferencias y trabajaron juntas para gobernar sabiamente el imperio hasta que Otón III alcanzara la mayoría de edad en 994, aunque Adelaida falleció en 990.

Cuando tenía catorce años, Otón tomó el control del reino y demostraría ser un tipo de emperador diferente al de su padre o abuelo; sin embargo, era capaz. Otón estaba fuertemente influenciado por las formas más extravagantes y educadas de su madre bizantina, y ella lo había dotado de un sentido de propósito divino. Sería más visionario que sus antepasados, y compartiría el objetivo de Carlomagno de una Europa cristiana unificada. Como resultado, cuando solo tenía quince años, cruzó los Alpes hacia Roma con su joven amigo, Bruno de Carintia. Su objetivo era coronar al nuevo papa y obtener su corona como emperador.

Bruno era el capellán de Otón en el castillo. Aunque Otón tenía ocho años más, todavía era un hombre muy joven y los dos eran buenos amigos. Otón no tenía hermanos; Bruno era probablemente la mejor opción, su confidente e incluso su consejero en muchos sentidos, ayudado por el hecho de que eran primos de sangre. Y así, cuando el papa Juan XV muriera en 996 y los romanos se dirigieron a Otto para sugerir un candidato para el próximo papa, el joven rey solo tenía una persona en mente.

Así fue como Bruno, un alemán y un humilde capellán, se encontraría consagrado el 3 de mayo de 996. La sugerencia de Otón había sido bastante bien recibida por la mayoría de los romanos; Bruno estaba muy bien educado y tenía una buena reputación a pesar de que él mismo no fuera romano. Sería consagrado como papa Gregorio V, y uno de sus primeros actos como papa sería devolver el favor de su joven amigo coronando a Otón III como emperador del Sacro Imperio romano germánico, al igual que su padre y su padre antes que él.

Ahora con el mismo título que sus antepasados, Otón regresaría a Alemania, ahora con la seguridad de saber que tenía un amigo leal y poderoso en Roma. Pero Gregorio no era lo suficientemente poderoso como para ser invencible. De hecho, una rebelión estaba a punto de hacer que se tuviera que fugar.

* * * *

Cuando el arzobispo Juan Filigato vio por primera vez a Otón III, nunca podría haber imaginado que llegaría el día en que lo conducirían por las calles de Roma en un modesto burro, con gritos de ira y burla persiguiéndolo por la ciudad.

Juan había sido una vez uno de los amigos más cercanos de la familia real. Ahora, por un decreto de Otón, lo habían despojado de todo: de sus títulos, de su poder, incluso de su túnica episcopal y, como insulto final, de su vista. Le habían sacado los ojos con saña; solo había cuencas vacías y ensangrentadas donde solían estar, y se aferró a la áspera melena del burro, incapaz de ver hacia dónde se dirigía la bestia aterrorizada en su carrera vertiginosa a través de la ciudad que Juan había gobernado una vez. A Juan le habían cortado las orejas y la nariz y le habían arrancado la ropa del cuerpo. Ya no parecía un arzobispo; de hecho, apenas parecía un hombre, y las multitudes que se alineaban en las calles para mirarlo, se burlaban de él como si fuera un demonio.

Todo lo que le estaban haciendo a Juan por orden de Otón III, se había sentido como una traición considerando que Juan era el padrino de Otón, excepto que Juan había sido el que lo había traicionado. Habiendo conocido a Otón de bebé en su bautizo, Juan se había establecido como un buen amigo de la familia real, siendo especialmente cercano a Teófano. Ella le había asegurado a Juan títulos y poder, y él había regresado recientemente de un viaje al Imperio bizantino para encontrarle esposa a Otón. Sin embargo, a su regreso a Roma, Juan caería rápidamente bajo la influencia de un noble rebelde llamado Crescencio el Joven. Crescencio y una facción de otros romanos objetaron el hecho de que el nuevo papa Gregorio fuera alemán en lugar de romano. Habían estado esperando que uno de sus parientes ascendiera al trono papal porque tener a alguien así en el trono les facilitaría manipularlo, y Gregorio tenía todo tipo de ideas extrañas y divertidas que no les gustaban. Tentado por la perspectiva de ser el líder más poderoso de la cristiandad, Juan se permitió ser coronado como antipapa, y sus seguidores se volvieron tan ruidosos que Gregorio no tuvo más remedio que dejar su trono y huir.

Esto no le caería bien a Otón. Estaba decidido a demostrar que, por joven que fuera, no iba a ser visto como inferior a su padre o abuelo. Mientras Gregorio estaba celebrando un sínodo en Pavía en 997, Otón se estaba preparando para la guerra. Reuniendo un ejército, cargó contra Roma. Juan sabía que no tenía ninguna posibilidad contra el ejército imperial y huyó, pero no pasaría mucho tiempo antes de que el emperador lo alcanzara. Y cuando lo tuvo en sus manos, hizo de él un ejemplo, excepto que su deseo de mostrar a sus súbditos que no se podía jugar con él se le fue de las manos completamente.

Ahora, Juan no solo había sido depuesto, sino también cruelmente torturado y mutilado. Ciego, desfigurado y aterrorizado, se aferraría al burro al galope, sabiendo que la muerte probablemente lo aguardaba y tal vez esperando que Otón fuera más lejos y lo ejecutara en lugar de dejarlo sufrir. De hecho, Otón y Gregorio probablemente habrían colgado a Juan para que muriera, tal como lo habían hecho con Crescencio una vez que lo alcanzaron, si San Nilo el Joven no hubiera intervenido. El abad de naturaleza amable reprendería a Otón y a Gregorio por su crueldad, exigiendo que se le permitiera a Juan vivir el resto de sus días en paz. Humillados por las palabras de Nilo, los jóvenes permitieron que enviaran a Juan fuera a un monasterio en Alemania, donde viviría en paz hasta su muerte varios años después.

* * * *

A pesar de su espantoso trato a Juan, Otón III demostraría ser un emperador dedicado. Como su padre y su abuelo, estaba decidido a gobernar bien y se dedicó a gobernar un imperio unificado.

Gregorio solo siguió siendo papa dos años más después de la debacle con Juan; después de su muerte en 999, Otón lo reemplazaría con Silvestre II. Preocupado por la pérdida de su amigo y aliado, Otón decidió emprender una peregrinación a la tumba de Carlomagno, con quien compartía muchos objetivos. Carlomagno probablemente había sido tema de muchos cuentos antes de dormir cuando era un niño, y ahora, se había convertido en el héroe e inspiración de Otón. Se le abrió la tumba y se le permitió subir directamente al donde yacía el cuerpo de Carlomagno, que se encontraba como había estado en vida: sentado en un trono.

La vista de su antepasado fallecido parece haber inspirado a Otón una vez más. Regresó a Roma y la convertiría oficialmente en la capital de su imperio, lo que no fue bien recibido por los romanos; allí lo sitiaron dentro de su palacio, y Otón se vio obligado a recurrir al duque de Baviera en busca de ayuda. Sin embargo, antes de que pudieran llegar los refuerzos, Otón moriría de una manera que recordaba inquietantemente la muerte prematura de su padre. La viruela se lo llevaría el 23 de enero de 1002, robando al imperio una vez más a un gobernante capaz que nunca tuvo la oportunidad de florecer en todo su potencial.

El duque de Baviera que acudió en ayuda de Otón era Enrique IV, hijo de Enrique el Pendenciero. Enrique el Pendenciero había fallecido en 995, dejando Baviera a su hijo, y Enrique IV finalmente había heredado el título. Enrique había tenido una educación difícil, pasando gran parte de su infancia en el exilio gracias a las formas rebeldes de su padre. Sin embargo, en lugar de convertirse en un rebelde como su padre, Enrique se había dirigido a la Iglesia. Otón II alentaría a Enrique a seguir una carrera en la Iglesia para no ser una amenaza para el reinado de Otón III, pero Enrique, aunque mantenía un gran interés en la teología, había optado por convertirse en duque en lugar de su padre. Sin embargo, nunca molestaría a Otón III, sino que sería uno de sus aliados más fuertes.

Cuando Otón III murió, no dejó heredero ni instrucciones sobre lo que debería hacerse en caso de que se muriese. Tenía solo 21 años; no esperaba morir tan rápidamente, y el imperio amenazaba con disolverse en el caos. Teófano y Adelaida habían muerto en 990-991 y 999, respectivamente, por lo que ahora no había mujeres fuertes para rescatar el reino. Sabiendo que era un heredero legítimo debido a su estrecha relación con Otón, Enrique vio su oportunidad. Derrotó a una importante oposición y logró ungirse a sí mismo rey de

Alemania poco después de la muerte de Otón. A pesar de la fuerte resistencia de Juan Crescencio, un poderoso noble en Roma y pariente del mismo Crescencio que había coronado al último antipapa, Enrique también logró remover a otro antipapa y reinstalar al papa Benedicto VIII en el lugar que le correspondía. Como muchos papas antes que él, Benedicto XVI, en agradecimiento, coronó a Enrique como el emperador del Sacro Imperio romano germánico, convirtiéndose en Enrique II.

Enrique demostraría haber heredado al menos parte de la controversia y la propensión a pelear de su padre. A lo largo de su reinado, continuaría una larga y sangrienta enemistad con Polonia, y finalmente se aliaría con los paganos para enfrentarse a los polacos, a pesar de que eran cristianos. Esto contrastaba fuertemente con los Otonianos, todos los cuales tenían visiones del Sacro Imperio romano como unido en el cristianismo, y esta postura convertiría a Enrique en un emperador impopular. Aun así, Enrique mantendría el interés que había tenido en la Iglesia cuando era joven y, durante su reinado, estableció monasterios y obispados, además de asistir a los sínodos. Esto eventualmente conduciría a su canonización en 1147, más de un siglo después de su muerte.

Después de un reinado largo y algo turbulento, Enrique II murió en 1024. A pesar de estar casado con Cunegunda desde 999, no tuvo hijos, ella también se convertiría posteriormente en santa. La muerte de Enrique marcaría el final de la dinastía otoniana.

Capítulo 7 – La Caminata a Canossa

Ilustración II: Una pintura del siglo XIX representa a Enrique IV a las puertas de Canossa. En el fondo se puede ver al papa reprobador

Enrique IV, emperador del Sacro Imperio romano germánico, había crecido en todo su esplendor como el heredero bien preparado de Enrique III. Desde el momento en que naciera, se sabía que algún día sería uno de los hombres más poderosos del mundo, ya que a Enrique se le había dado lo mejor de todo, quizás demasiado. El joven creció en la extravagancia, con todo lo que podía desear. Estaba acostumbrado a todas las comodidades que su riqueza y poder podían proporcionarle y a llevar los más magníficos adornos reales de la época: túnicas y coronas y sedas y atuendos ceremoniales que rezumaban lujo y riqueza.

Y ahora, a las puertas de Canossa, estaba descalzo en la nieve, una camisa de pelo azotada por el viento alrededor de su cuerpo demacrado, sin sus atavíos, su rostro vuelto en penitencia al suelo.

A Enrique no le habían quitado las ricas túnicas. Él mismo había elegido desprenderse de ellas.

Enrique no recordaría una época en la que no hubiera sido rey. Nacido en 1050, perdería a su padre, el emperador del Sacro Imperio romano germánico y rey de Alemania Enrique III, cuando solo tenía seis años. La regencia recayó, originalmente, en su madre, Inés de Poitiers, pero cuando Enrique tenía doce años, un grupo de obispos reñidores la apartó de Agnes y asumió la regencia y tutela del rey menor de edad. Durante cuatro años, se pelearían por las ganancias del imperio, y el frustrado joven Enrique no podría hacer más que mirar. Cuando alcanzara la mayoría de edad y asumiera el trono en 1066, estaba harto de obispos. Ejerciendo su derecho tradicional de nombrar a los líderes de la Iglesia como rey y emperador, derrocó a los obispos que habían abusado de él y comenzó a aprobar a los obispos que él prefería.

Esto encendería los ánimos de los poderosos en Roma. En ese momento, el papa Alejandro II, se había acostumbrado a seis años de indulgencia por parte de Alemania, ya que la regencia dividida estaba mucho más preocupada por tomar el poder individual que por gobernar el imperio. Su sucesor fue más vociferante en su oposición al comportamiento de Enrique. Coronado en 1073, el papa Gregorio

VII comenzó a protestar porque los gobernantes seculares no podían nombrar cargos eclesiásticos, a pesar de que generaciones de reyes habían estado haciendo lo mismo que Enrique. Molesto porque otro líder de la Iglesia se levantaría para oponérsele, el joven emperador decidió ignorarlo. De hecho, Enrique cometería el insulto máximo: en lugar de referirse a él como el nombre que había tomado cuando se convirtiera en papa, Enrique llamó a Gregorio por su nombre de pila, Hildebrando. En ese momento, esto se consideraba absolutamente escandaloso.

En 1075, Enrique nombraría a un arzobispo de Milán contra los deseos de Gregorio, y quien vería esto como una intrusión imperdonable en la autoridad papal. Cuando Gregorio desafió las acciones de Enrique, el emperador decidió que ya había tenido suficiente. Convocó a un sínodo de obispos alemanes, la mayoría de los cuales, por supuesto le debían todo su poder, a Enrique, y declaró que el papa Gregorio sería depuesto.

Las generaciones anteriores de emperadores habían ejercido un poder considerable sobre el papado. Papas como Juan XII y el antipapa Juan XVI habían aprendido por las malas que la ira del emperador del Sacro Imperio romano germánico estaba destinada a terminar mal; otros habían sido nombrados por emperadores, como el primo de Otón III, Bruno de Carintia. Pero desde entonces, los tiempos habían cambiado. La gran dinastía otoniana ya era historia; la dinastía Salia o Francona ahora estaba a cargo del Sacro Imperio romano, y el papado había crecido en riqueza, potestad y poder. Gregorio había estado ocupando posiciones de poder en la Iglesia desde que Enrique apenas era un niño, y era un gobernante mucho más astuto y poderoso que el joven rey.

Por el contrario, Enrique creía que el poder imperial debía ser restaurado a su antigua gloria, y estaba decidido a ser él quien lo restaurara y una vez más subyugara el papado al capricho del emperador. Pero Gregorio no era fácil de convencer. Estaba indignado por la audacia del emperador y tomaría represalias por su derrocamiento, excomulgando a Enrique de la Iglesia.

La excomunión tendría efectos significativos en el poder de Enrique e incluso en la percepción de sus súbditos de su legitimidad como rey. En ese momento, el gobierno secular estaba estrechamente entrelazado con la Iglesia, y si la Iglesia no reconocía a un gobernante, probablemente nadie lo reconocería. Las rebeliones comenzaron a surgir en todo el dominio de Enrique, y el duque Rodolfo de Suabia sería coronado como anti-rey. La violencia y el caos amenazaban con abrumar al reino, y los partidarios de Gregorio lo instaron a viajar a Augsburgo y reunirse con el emperador allí para mostrarle quién era el jefe. Enrique, al enterarse de que el papa y su séquito se dirigían hacia Alemania, se prepararía para reunirse con él.

Fue entonces cuando Gregorio se dio cuenta de que había enfurecido a un hombre joven, audaz, insolente y también a cargo de uno de los ejércitos más grandes de Europa. Presa de pánico, el papa decidió retirarse a la fortaleza de Canossa, donde se encerró, temiendo que pronto el emperador en su ira imperial la sitiaría.

Era pleno invierno cuando Enrique y su compañía cruzaron los Alpes. Los pasos estaban cubiertos de nieve; el avance era prácticamente imposible ya que Enrique, sus hombres e incluso su esposa y su bebé tuvieron que abrirse paso por las cumbres de las grandes montañas. En muchos lugares, incluso sus ágiles caballos no pudieron pasar y tuvieron que ser arrastrados medio cojos o abandonados. Los caballos que sobrevivieron a menudo quedaban lisiados. Enrique, el hombre más poderoso de Europa, tendría que hacer la mayor parte de la travesía descalzo. Su esposa y su bebé fueron atados en pieles de buey y arrastrados por los hombres que lo acompañaban.

Cuando Enrique llegó a Canossa en enero de 1077, estaba medio muerto de hambre, casi congelado y había soportado las condiciones más duras que el invierno alpino podía arrojarle. Parecería lógico que quisiera sitiar Canossa de inmediato, y Gregorio esperaba con miedo a que comenzara la lucha.

Pero Enrique no tomaría la espada ni la lanza. En cambio, se quitó la armadura y se puso nada más que una camisa de pelo. Descalzo y con la cabeza descubierta, dejando atrás a su ejército y su familia, el emperador hizo la última parte de su viaje a Canossa completamente solo.

Gregorio VII, mirando desde las torres del castillo, esperaba que una masa de soldados se acercara a las puertas, armados con arietes y máquinas de asedio. En cambio, una figura solitaria se acercó caminando penosamente sobre la nieve. Era el emperador, y se acercó a las puertas, pidiendo que lo dejaran entrar. Ante la sospecha de una trampa, Gregorio se negó a abrir las puertas para Enrique IV. Pero el emperador no se rendiría. Se sentó en la nieve y esperó durante tres largos días. Enrique, sin comer ni beber, se limitó a esperar.

Al final de los tres días, Gregorio finalmente cedió. Abrió las puertas y entró Enrique, harapiento, sin afeitar y medio muerto de frío. Cayó de rodillas ante el papa y le pidió perdón. Y el papa, por mucho que odiara hacerlo, no tuvo más remedio que levantar la excomunión.

* * * *

Todavía no está claro si la famosa caminata de Enrique a Canossa fue un acto de verdadera penitencia o un movimiento estratégico sobresaliente diseñado para obligar a Gregorio a hacer las paces con él, le gustara o no. De cualquier manera, la historia de su arrepentimiento se extendería como la pólvora por todo el reino. El pueblo lo aceptaría una vez más como su gobernante, el anti-rey fue derrotado rotundamente en 1080, y Enrique sería, una vez más, el hombre más poderoso de Europa.

Sin embargo, se había afirmado que el papado ya no era más que una serie de marionetas dominadas por los emperadores. Si bien Enrique continuaría chocando con el papado durante su reinado, en ocasiones incluso estableciendo antipapas y una vez saqueando la propia Roma, nunca lograría reducirlo al tipo de sumisión que habían mostrado sus predecesores. El conflicto resultante entre el papado y el imperio continuaría mucho después de que Enrique y Gregorio hubieran muerto.

Capítulo 8 - Comienza la Dinastía Hohenstaufen

El hijo de Enrique IV, Enrique V, pondría fin de una vez por todas a la Controversia de la investidura, el conflicto entre su padre y el papado. Sin embargo, el mantenimiento de la paz no se convertiría en aquello por lo que se le conocería en general.

Enrique V no nació heredero del trono. Su hermano mayor, Conrado, habría heredado el poder de Enrique IV si no fuera por su veta rebelde. Los adolescentes rebeldes de hoy rompen los toques de queda o chocan automóviles; Conrado, de diecinueve años, intentó arrebatarle el reino a su padre. Solo tenía tres años cuando Enrique lo llevara por la gélida Caminata a Canossa; tal vez nunca perdonó completamente a su padre por haberlo hecho pasar por ese sufrimiento, o tal vez había sido influenciado por uno de los enemigos de su padre, particularmente Güelfo II, el duque de Baviera. Con el apoyo del papado y el ducado de Baviera, Conrado fue coronado anti-rey, pero sus campañas no tuvieron éxito. Finalmente perdería el apoyo y murió en 1101, posiblemente después de haber sido envenenado.

Dos años antes de la muerte de Conrado, su hermano menor, Enrique V, había sido coronado rey de Alemania. Enrique IV estaba envejeciendo y buscaba establecer seguridad para su imperio después de su muerte. Sin embargo, todavía era un gobernante capaz y, bajo juramento, obligaría a su hijo a no interferir en el gobierno del imperio hasta su muerte. Pero el Enrique más joven era ambicioso, quizás compartiendo la misma naturaleza rebelde que había llevado a su hermano a coronarse como anti-rey. En 1104, tres años después de la muerte de Conrado, Enrique V se rebelaría contra su padre. Su rebelión tuvo mucho más éxito; Enrique IV se vio obligado a abdicar y huir. Murió en 1106 y Enrique V ascendió al trono sin competencia.

A pesar de la tempestuosa juventud de Enrique, pasaría a la historia como el emperador que finalmente pondrá fin a la Controversia de la investidura. Gran parte de su reinado estuvo relacionado con las negociaciones con el papa; no estaba del todo listo para dejar caer la causa que le había costado a su padre su orgullo, pero finalmente, en 1122, negociaría la paz con el papa Calixto II. Ninguna de las partes obtendría exactamente lo que quería; en cambio, se llegó a un compromiso en el que el emperador perdió su poder sobre el nombramiento de cargos eclesiásticos en Italia y Borgoña, pero retendría gran parte de su autoridad en la misma Alemania. Sin embargo, todos los clérigos, seguirían recibiendo sus símbolos de autoridad del papa mismo.

Poner fin a la controversia no sería el final de los problemas de Enrique. Incluso cuando el poder imperial comenzó a escabullírsele en Italia, se dio cuenta de que sus largas visitas a Roma habían causado problemas en Alemania. Mientras el gato no estaba, los ratones, su nobleza, jugaban y ahora, los nobles amenazaban con barrer el imperio de Enrique justo debajo de sus narices.

En la cima de estos nobles se encontraban las familias de los Güelfo y Hohenstaufen. Estas dos familias estaban entre las más poderosas de Alemania, y con el papado y los príncipes alemanes comenzando a ganar cada vez más poder, Enrique sabía que, a pesar de su título de emperador, estaba perdiendo fuerzas a cada segundo. En un intento por hacer crecer su poder y recuperar el respeto de su imperio, se dirigió a Flandes e intentó invadir el área y agregarla a su imperio. Desafortunadamente para Enrique, esto provocaría un enfrentamiento con el rey de Francia, Luis VI, que en ese momento era una figura poderosa. Enrique se vio obligado a regresar a Alemania con el rabo entre las piernas, donde murió sin hijos en 1125 a pesar de haber estado casado durante once años con Matilde, una princesa de Inglaterra.

La dinastía Salia se fue a la tumba junto a Enrique V. La elección del próximo rey recaería en los nobles y cancilleres alemanes que le habían faltado al respeto a Enrique cuando aún estaba vivo, y entre ellos estaba el duque de Sajonia, un anciano llamado Lotario III. Aunque Lotario se había rebelado contra Enrique IV junto a su hijo, había tenido poco respeto por Enrique V durante su reinado e incluso había sido depuesto brevemente. Sin embargo, era un terrateniente rico con amigos en lugares elevados, sobre todo popular entre la Casa de los Güelfo. A pesar de que la familia Hohenstaufen también presentó un candidato prometedor, Lotario fue elegido para ser el próximo rey de Alemania y emperador del Sacro Imperio romano germánico. Fue coronado en Roma en 1125.

El mismo Lotario era una persona bastante afable, quizás incluso un poco ingenuo, y ciertamente vulnerable a la manipulación. Esta era quizás la cualidad que la nobleza alemana había encontrado más atractiva al elegirlo: sería un rey fácil de manipular y controlar para sus propósitos, y demostraría ser exactamente eso. La mayor parte del reinado de Lotario se centraría en lidiar con la rebelión violenta de los Hohenstaufen al precio de desaprovechar una oportunidad de oro para recuperar el poder sobre el papado cuando una elección papal vio a ambos candidatos compitiendo por el favor de Lotario. Sin embargo, Lotario, no estaba interesado. Hizo que sus subordinados trataran con el papa mientras él trataba de resolver a los pendencieros Hohenstaufen.

La nobleza y el papado también lograron presionar a Lotario para que dirigiera un ejército contra los sicilianos. A pesar de la renuencia de Lotario a ir, y la de su ejército a seguirlo en el sofocante calor del verano, la campaña de 1137 fue bastante exitosa y se agregaron tierras sicilianas al imperio. Sin embargo, de camino a casa, Lotario sucumbiría a causas naturales.

Durante su vida, Lotario había designado un heredero, su nieto, Enrique el Orgulloso, el hijo de la hija de Lotario, Gertrudis, y Enrique IX, duque de Baviera. Pero los Hohenstaufen tenían otras ideas.

* * * *

Allá por 1125, cuando Enrique V había muerto y su título estaba siendo disputado por la Casa de los Güelfo y los Hohenstaufen, el candidato de Hohenstaufen había sido Federico II, Duque de Suabia. Sin embargo, su más firme partidario era su hermano menor, Conrado.

En ese momento, Conrado tenía unos treinta años y su ambición era equivalente solo a su lealtad a sus compañeros Hohenstaufen. Veía a su familia como la más grande de Alemania y estaba decidido a verla en el trono. Tan decidido, de hecho, que tomaría las armas contra Lotario III y anexaría algunas de sus tierras cuando Lotario estaba en Italia; también sería coronado anti-rey y contaría con un sólido apoyo de la nobleza alemana. Fue solo cuando se enfrentó con Lotario en batalla que Conrado finalmente fue derrotado. No tenía acceso a los vastos recursos que el rey tenía a su disposición, por lo que se vio obligado a rendirse.

Cuando finalmente Lotario murió, fue entonces que Conrado vio su oportunidad. Sabía que el nieto de Lotario, Enrique el Orgulloso, tenía fama de arrogante, de ahí su apodo. La nobleza alemana estaba nerviosa por aumentar el poder de Enrique el Orgulloso y la Casa de Güelfo y también por enfurecer a los poderosos Hohenstaufen. Fue elegido rey y así comenzó una de las dinastías alemanas más fuertes de la historia. Fue coronado como Conrado III de Alemania.

La atmósfera política era turbulenta, en el mejor de los casos. Desde el final de la dinastía otoniana, el imperio había estado sumido en el caos. Los emperadores se enfrentaban al papado; los papas entronaban anti-reyes y los reyes entronaban antipapas; y los duques alemanes luchaban entre sí como los nobles italianos luchaban con su emperador. El conflicto no era nada nuevo para Conrado y, por lo tanto, tal vez no sea sorprendente que no haya hecho ningún intento por vivir en paz con la Casa de los Güelfo. En cambio, depondría a Enrique el Orgulloso de sus ducados, despojando a la familia de su riqueza y poder. Enfurecido, Enrique inició una guerra civil que se libraría durante el resto de la vida de Enrique, continuada después de su muerte por su hijo, Enrique el León.

Alemania sería despedazada por las familias enfrentadas. El imperio mismo fue descuidado, Italia ganando cada vez más independencia, y sus fronteras reducidas a medida que las disputas internas amenazaban con provocar el colapso de todo el imperio. Había pasado tanto tiempo desde el último gran emperador del Sacro Imperio romano germánico, y parecía como si, al igual que el antiguo Imperio romano, el Sacro Imperio romano estuviera a punto de desmoronarse en la nada.

A menos que alguien pudiera acudir a su rescate. Algún líder fuerte y capaz, listo para la guerra, pero dispuesto a la paz. Un héroe de la época.

Un hombre como Federico Barbarroja.

Capítulo 9 - El Rey Guerrero de Barba Roja

Ilustración III: Una representación de Barbarroja en un libro de leyendas sobre él

Los ciudadanos de Milán se habían atrevido a afirmar su independencia del emperador cuando se rebelaran contra él y se unieran a la rebelde Liga Lombarda. La Liga Lombarda apoyaría al papa y solo al papa, Alejandro III; a pesar de que el predecesor de Alejandro había coronado al emperador del Sacro Imperio romano germánico, desde entonces habría habido una considerable fricción entre el papa y el emperador. De hecho, no hacía mucho, la ciudad de Milán había sido conquistada por la despiadada espada del emperador. Pero ahora sus residentes habían decidido deshacerse de las cadenas del imperio y declarar su apoyo al papa en lugar de a su gobernante imperial.

En ese momento, había sido un gran gesto una gran fanfarria de desafío contra uno de los hombres más poderosos que la Europa medieval había conocido. Sin embargo, ahora, mientras el ejército milanés se preparaba para una carga alemana, ese desafío estaba dando paso al terror.

El ejército milanés había fortificado una posición cerca de Legnano, a orillas del río Olona, a finales de mayo de 1176. Su ejército estaba formado por 3.500 hombres: en su mayoría caballería, algunos caballeros y una banda de infantería custodiando un carro de guerra sagrado conocido como Carracio. Tirado por bueyes, el Carracio estaba pintado de vivos colores con el estandarte verde y blanco de Milán, y sus soldados lo protegerían con sus vidas.

No muy lejos, se estaba produciendo un gran enfrentamiento, y el ejército milanés contenía el aliento. Sabían que su cuerpo de reconocimiento, un grupo de 700 jinetes debía haberse reunido con la vanguardia del emperador del Sacro Imperio romano germánico. Esperando, el ejército milanés tenía la esperanza que la vanguardia se sintiera sobrepasada y que sus jinetes regresaran triunfantes a ellos. Que sus esperanzas de derrotar a uno de los comandantes militares más despiadados de la Edad Media se harían realidad.

Entonces lo oirían, el trueno de cascos. Cascos al galope. Huyendo. Fluyendo por la orilla del río, lo que quedaba de los 700 jinetes se apresuraban a regresar al ejército principal en una retirada desorganizada. Sus filas estaban salpicadas de claros por las pérdidas, sus túnicas de colores brillantes rasgadas, la armaduras rayadas y abolladas. Y pisándole los talones llegaba una fuerza de miles de caballeros fuertes y experimentados profesionales que habían luchado cuatro campañas en Italia hasta ahora. La paz del día de verano se vio destrozada por un rugido de batalla que no había conocido nada más que la victoria, y el ejército milanés temblaría en sus botas mientras el líder de su enemigo cabalgaba a la cabeza del ejército en un corcel resoplando.

El emperador era alto y poderoso, sus grandes brazos sobresalían bajo el reluciente metal de su armadura. Aunque ya tenía cincuenta y tantos años, el emperador era una leyenda viviente, un terror para sus enemigos y un gran héroe para su pueblo. Su espada brillaba al sol, no tan fría ni tan brillante como la rabia en sus ojos, y de debajo de su casco de hierro fluía una poderosa barba escarlata, espesa y moteada de gris, cayendo sobre su coraza como un estandarte al revés de ardiente fuego. La barba le había valido al emperador del Sacro Imperio romano germánico Federico I su apodo italiano, *Barbarossa*, o " Barbarroja". Y su crueldad le había ganado la reputación de ser uno de los emperadores más fuertes que el mundo había conocido.

La reputación de Federico era una de victorias sin fin, pese a que su primera campaña militar en 1147 había terminado en una humillante derrota. Cuando era joven, Había acompañado a su tío, el rey Conrado III, en la Segunda Cruzada. La Segunda Cruzada fue desafortunada; a pesar de las fuerzas unidas de Luis VII de Francia y Conrado III de Alemania, los cristianos sufrieron una grave derrota a manos de sus oponentes musulmanes y regresaron a casa destrozados y golpeados después del desastre que había sido el Sitio de Damasco. Federico había luchado al lado de Conrado durante la Cruzada, y cuando regresara a casa en 1149, había demostrado ser un valiente guerrero a los ojos de Conrado. Cuando el rey estaba en su lecho de muerte solo tres años después, despojaría a su hijo de seis años, también llamado Federico, de la oportunidad de heredar su título. En cambio, en presencia de un arzobispo de confianza que luego testificaría que Conrado estaba en uso de sus facultades mentales, entregaría el reino a Federico.

En ese entonces, la barba del joven rey era solo un mechón de cabello escarlata, pero su poder pronto crecería en proporción a esa magnífica melena. A pesar de su reputación posterior como un luchador despiadado, las primeras acciones de Federico como rey fueron hacer las paces. Devolvería a Enrique el León, enemigo de su padre durante mucho tiempo, sus posesiones como duque de Baviera y luego le concedería al hijo de Conrado el ducado de Suabia. Así, por primera vez desde el reinado de Lotario III, hubo paz entre los Hohenstaufen y la Casa de los Güelfo.

El siguiente paso de Federico sería restaurar el poder imperial sobre el papado. Su inspiración, y, según algunos, antepasado, sería Carlomagno, que no solo había sido amigo del papa, sino también indudablemente su superior. Sin embargo, durante la época de Federico, las tensiones fueron más tirantes que nunca entre el imperio y el papado. Los últimos reyes alemanes se habían llamado a sí mismos emperadores, pero en realidad nunca habían sido coronados. Federico remediaría esto intercambiando su ayuda en la batalla del papa Eugenio III con Rogelio de Sicilia por su coronación. Fue nombrado oficialmente emperador del Sacro Imperio romano germánico en 1155 en la Basílica de San Pedro, construida sobre las ruinas de la Vieja San Pedro, donde el mismo Carlomagno había sido coronado.

Lamentablemente, las relaciones entre Federico y el papa no serían tan amables. Incluso cuando Federico derrotara a las facciones en guerra de Alemania convirtiéndolas en una nación única y coherente y reuniera al ejército más poderoso del cristianismo en ese momento, sus esfuerzos por devolver Italia a su imperio no fueron bien recibidos. El papa había acordado coronarlo de nombre; no habría esperado que Federico actuara realmente en su nuevo título de la forma en que lo habían hecho Carlomagno y la dinastía otoniana. De hecho, el mismo día de su coronación, el ejército de Federico masacraría a 1.000 romanos que se habían rebelado contra suyo una vez coronado. Esto dejaría al papa y al resto de Italia profundamente insatisfechos con su nuevo emperador.

Durante las más de tres décadas de su reinado, Federico demostraría ser un líder inspirado y visionario. Veía una Europa unida una vez más bajo el poderoso estandarte del Imperio romano, con él a la cabeza. Federico, un despiadado comandante militar que también demostraría tener don para la diplomacia, conquistaría ciudad tras ciudad. Sin embargo, el único país que seguía irritándolo era Italia. Nunca pudo dominarla por completo, incluso después de que cuatro campañas diferentes terminaran en una ignominiosa derrota italiana.

Ahora, el 29 de mayo de 1176, esos mismos italianos estaban decididos a encontrar la primera gran victoria sobre Federico Barbarroja desde que llegara al poder. Habían vivido en guerra durante más de veinte años y estaban dispuestos a deshacerse del yugo del gobierno de Federico. Cuando sus experimentados caballeros se abalanzaron sobre ellos, juntaron todo su coraje y se lanzaron a su encuentro.

El ejército de Milán sabía muy poco que la campaña de Federico no había estado exenta de problemas. De hecho, incluso cuando su ejército cargara contra ellos, era mucho más pequeño de lo que debería haber sido. La campaña no había tenido un buen comienzo; a pesar de varias victorias en batalla, Federico había perdido a un gran número de hombres a causa de enfermedades. Necesitando refuerzos, había enviado mensajeros a uno de sus aliados más fuertes: Enrique el León, duque de Baviera.

Fue entonces cuando el intrigante Enrique vería su oportunidad. A pesar de que debía a Federico la restauración de sus posesiones, todavía estaba resentido con toda la familia Hohenstaufen, sabiendo que su padre podría haber sido emperador si Conrado no hubiera ocupado su lugar. Con la esperanza de que Barbarroja muriera en Italia, dejando el camino abierto para que Enrique ascendiera al trono, se negó a ayudar. Entonces, Federico cargaría en la batalla de Legnano sabiendo que su ejército simplemente no era lo suficientemente grande.

El plan de Enrique casi llegó a funcionar. Los milaneses se levantaron contra el ejército imperial en una lucha sangrienta que terminaría en una terrible derrota para los caballeros de Federico y también casi con la muerte del mismo Federico. Fue gravemente herido durante la batalla (Federico prefería llevar a sus caballeros a la lucha personalmente en lugar de utilizar un duque o un general hábil para asumir ese peligroso papel) y circularon rumores por Alemania e Italia de que el rey de la barba roja estaba muerto. Enrique iniciaría una rebelión abierta contra el heredero de Barbarroja, pero resultaría ser un movimiento prematuro. Federico no estaba muerto, sino que estaba enojado. Obligado a admitir que esta vez no iba a vencer a la Liga Lombarda, Federico haría las paces con el líder de la Liga, denunciaría a su antipapa, reconocería la autoridad del papa y regresaría a Alemania. Allí saqueó las tierras de Enrique y derrotó rotundamente a su rival. Le quitó todo a Enrique, sus tierras, sus títulos y su poder, y probablemente también le hubiera quitado la vida si el cobarde rebelde no se hubiera postrado a los pies de Federico y le hubiera pedido perdón. Federico le perdonó la vida, pero entregó sus ducados a un par de sus aliados más leales y envió a Enrique al exilio.

Lograda la paz interna, Federico comenzó a probar un método diferente para devolver Italia a su imperio. Casó a su hijo, también llamado Enrique, con una princesa de Sicilia; Enrique fue nombrado rey de Italia en 1186. En cuanto a Barbarroja, regresó a las tierras donde su espíritu guerrero se había probado por primera vez. Para unirse a la Tercera Cruzada, amasaría un ejército tan grande que no pudo ser llevado al Medio Oriente por mar. En cambio, lo condujo a través de territorio hostil hasta Anatolia, donde libraría dos batallas más.

El anciano guerrero, que ahora se acerca a los setenta, había vivido toda su vida al límite, un comandante y rey más grande que la vida que estaba al frente de cada pelea y que se abría camino a través de los enemigos y la vida con un celo intrépido. Sin embargo, al final, no fue una batalla lo que se lo llevaría. En un caluroso día de junio de 1190, liderando a su ejército al frente de sus filas como de costumbre, intentaría cruzar el río Saleph actual Göksu. Su caballo fue arrastrado por la corriente, y Federico se hundió, su armadura se llenó de agua. Para horror de su ejército, esa gran barba roja brillaría en el aire una última vez, para luego desaparecer.

Capítulo 10 – El Captor de Corazón de León

La muerte de Barbarroja dejaría al Sacro Imperio romano germánico mucho más grande e unido de lo que había estado antes de su reinado. No solo sus conquistas militares se habían sumado a los territorios del imperio, sino que, durante su reinado, y el de los otros emperadores Hohenstaufen, el imperio se había expandido considerablemente hacia el este. Esta fue una expansión mucho más pacífica que la que había tenido lugar hacia el oeste, donde Barbarroja y otros como él habían anexado nuevas tierras con el filo de la espada. Las tierras directamente al este del imperio estaban escasamente habitadas, sobre todo por pueblos eslavos, y cuando los agricultores y comerciantes germánicos empezaron a trasladarse más y más al este, fueron recibidos sin resistencia ni problemas. De hecho, no pasaría mucho tiempo antes de que los pueblos germánicos y eslavos se casaran entre sí, y el asentamiento en áreas que incluían partes de la actual Polonia y Alemania se completaría sin demasiada violencia.

Cuando partió a su última Cruzada, Federico Barbarroja había dejado a su segundo hijo, Enrique, a cargo del imperio. La noticia de la muerte de su padre catapultó a Enrique al papel de Enrique VI, rey de Alemania. Por supuesto, inmediatamente, tendría que lidiar con la enérgica oposición de la Casa de los Güelfo mientras probaban al joven gobernante, que tenía veintitantos años cuando llegó al poder, para ver si sería un blanco más fácil de lo que había sido su padre. De hecho, el enemigo más antiguo de Federico, Enrique el León, naturalmente estaba a la cabeza de la oposición.

Enrique lograría aplastar la primera resistencia, dejándolo libre para ser coronado emperador en Roma en 1191 y para perseguir sus intereses en Sicilia. Se había casado con Constanza, una princesa siciliana, y se había convertido en el heredero de su trono. Sin embargo, algunos de los nobles de Sicilia, habían rechazado al rey alemán y habían coronado un anti-rey en su contra, un sobrino ilegítimo de Constanza llamado Tancredo. Enrique convocó al ejército que le había dado tanto éxito a su padre y marchó sobre las ciudades rebeldes, pero mostraría no ser tan hábil como su padre en batalla, agravado por el hecho de una terrible plaga que acabaría con gran parte de su ejército. La lucha terminó cuando Constanza fue secuestrada por su propio sobrino, y Enrique no tuvo otra opción que regresar a Alemania con las manos vacías. La enfermedad había diezmado su ejército y su padre había estado mucho más interesado en aumentar las tierras del imperio que en las riquezas reales; Enrique se quedaría sin hombres y sin dinero.

Para empeorar las cosas, Enrique el León, por supuesto, se había rebelado contra el rey una vez más. Enrique VI estaba completamente consumido tratando de sofocar esta última rebelión cuando le llegaría un alivio de sus problemas, y en la forma menos esperada: un prisionero legendario con el rescate de un rey. Literalmente.

* * * *

Capítulo 11 – Stupor Mundi

Enrique VI iba camino de deponer a Tancredo y ser coronado rey de Sicilia cuando Constanza, que para entonces había sido rescatada de las garras de su sobrino, le dio un hijo. El bebé tenía la sangre de las leyendas corriendo por sus venas, sin embargo, demostraría ser muy diferente a todos ellos.

Desde el principio, quedaría claro que el heredero de Enrique, llamado Federico en honor a su indomable abuelo, no sería el mismo guerrero terco que había sido Barbarroja. Al parecer, este niño, no crecería para abrirse camino en la vida con un hacha de guerra o para capturar y rescatar a sus oponentes. Por el contrario, el joven Federico estaba mucho más interesado en las artes, las ciencias, la cultura y la diplomacia.

Independientemente de sus intereses, Federico no tendría más remedio que convertirse en rey en el momento de la muerte de su padre en 1197. Tenía solo tres años, y muy pronto, su mundo entero cambiaría, cuando su madre, Constanza, moría solo un año después. Sin una regente que lo cuidara, Federico fue enviado a vivir con su nuevo tutor, el papa Inocencio III. Mientras tanto, el poderoso reino que su padre había dejado atrás comenzaría a desmoronarse cuando los Hohenstaufen restantes y la Casa de los Güelfo comenzaron, una vez más, a discutir por la corona. Dos reyes fueron elegidos a la vez, ambos por diferentes partidarios. El candidato de Hohenstaufen, Felipe de Suabia, era el hijo menor de Barbarroja; el candidato de los Güelfo era Otón de Brunswick, hijo de Enrique el León. Y así, los hijos de dos viejos enemigos se encontraron nuevamente enfrentados.

Federico crecería bajo la tutela del papa actual y de la del futuro, Cencio, que más tarde sería conocido como el papa Honorio III. El papa Inocencio, aunque fue un importante escritor teológico, estaba descontento con ser simplemente el líder de la Iglesia. También estaba desesperado por el poder secular, y con el rey alemán jugando seguro en su guardería bajo la supervisión de Inocencio, sabía que prácticamente no tendría oposición secular. Comenzaría a afirmar cada vez más poder sobre los asuntos del estado, y con las casas de Güelfo y Hohenstaufen más decididas a destruirse entre sí que a prestar atención a lo que estaba sucediendo en Italia, lo lograría sin prácticamente ninguna resistencia.

Mientras Federico crecía, Inocencio pedía cruzadas, algunas de ellas centradas en el Imperio bizantino. Federico se criaba en el funcionamiento interno del papado, mucho más cerca que cualquiera de sus predecesores. En ese momento, el papa era visto como el representante directo del poder divino; como una figura casi angelical, a un paso de una deidad. Pero no por Federico. Este joven había crecido cara a cara con el papa mismo, y se toparía con una verdad incómoda: el papa era humano y tenía defectos. La codicia era solo uno de ellos.

A pesar de que se le había confiado el cuidado del emperador legítimo, el papa Inocencio III le dio la espalda a Federico y, en cambio, coronó emperador a Otón IV de Brunswick en 1209 cuando Federico era un adolescente. En ese momento, Federico había alcanzado la mayoría de edad, pero estaba más interesado en tomar el poder en sus países de origen que en Alemania. Federico podría haber venido de una larga línea de reyes alemanes, pero había nacido en Sicilia y se había criado en Italia, y todavía era elegible para ser rey allí. Comenzaría a hacer campaña contra los pequeños nobles locales que le habían arrancado su poder y, a medida que su fuerza crecía, también lo hacía el temor de Otón e Inocencio.

Cuando Federico despidió a su tutor y lanzó una invasión en Italia, el papa Inocencio finalmente se dio cuenta de que ya no era un niño. Poco después de coronar a Otón, se volvió contra el nuevo emperador y lo traicionó al apoyar la elección de Federico para ser el rey de Alemania en la Dieta de Nuremberg. Fue coronado en 1212 en Mainz, lo que obligó a Otón a volver a esconderse en tierras controladas por los Güelfo.

En ese momento, Federico había demostrado ser no solo un gobernante ambicioso sino también educado. Hablaba seis idiomas diferentes, alto alemán medio, siciliano, latín, árabe, griego y *langues d'oïl* (un predecesor del francés moderno), y todavía tenía un gran interés por la cultura. También estaba fascinado por culturas distintas a la suya; tenía toda una colección de animales salvajes raros e interesantes y una mentalidad abierta que era completamente inusual en la nobleza de esa época. Fue esta mentalidad abierta la que lo llevaría a chocar, repetidamente, con el papado que lo había criado.

Al principio, las relaciones entre Federico y el papado serían bastante amistosas, tanto que su otrora tutor, ahora el papa Honorio III, lo coronaría emperador del Sacro Imperio romano germánico en 1220. Lamentablemente, a partir de allí todo iría cuesta abajo.

Fiel a sus primeras costumbres, Federico pasaría la mayor parte de su tiempo en Italia y Sicilia, aunque gobernaría Alemania. En Palermo, tenía una corte extravagante, donde participaría en algunas actividades seriamente cuestionables a los ojos del papa, incluido todo un harén de mujeres exóticas. Su relación con Honorio se complicaría aún más por su actitud frente a la Quinta Cruzada.

No obstante. Federico, se mostraría reacio. Finalmente sería persuadido de enviar algunas tropas a Medio Oriente bajo el mando de Luis I el Duque de Baviera de la dinastía Wittlesbach al que apoyaban a los Hohenstaufen. Pariente de Federico Barbarroja, Luis estaba más que dispuesto a enfrentarse a las fuerzas comandadas por los sucesores de Saladino, pero Honorio estaba enojado porque la delegación de Federico a la Cruzada se reducía a un simple duque. Había esperado que el mismo Federico liderara la campaña, pero cuando la Quinta Cruzada partió hacia Damieta, Egipto, Federico se quedaría en su país, en su palacio.

Al final, la falta de liderazgo sería lo que llevaría a los cruzados a su perdición. Quizás Honorio había creído que Federico sería el mismo líder intrépido y despiadado que había sido su abuelo. De hecho, si tan solo Barbarroja hubiera estado a la cabeza de esos cruzados, entonces, tal vez su objetivo se hubiera logrado sin esfuerzo. En cambio, la Quinta Cruzada terminaría en una ignominia. Los cruzados nunca llegaron más allá de Damieta; la sitiaron durante diecisiete meses desde junio de 1218 hasta noviembre de 1219, pero, a pesar de la ayuda del mismísimo San Francisco de Asís, sus esfuerzos resultarían infructuosos. Los cruzados y el papado harían repetidos intentos para que participara Federico, pero él no quería. Finalmente, a pesar de que finalmente capturaron Damieta, los cruzados se detuvieron a orillas del Nilo. La hambruna en Egipto los dejaría con pocas opciones más que volver a Europa, derrotados una vez más.

Honorio estaba indignado. Decidió que el fracaso de la Quinta Cruzada se había debido enteramente a la actitud indiferente y la falta de participación de Federico, y culparía de sin reservas al reacio emperador. A pesar de que los contemporáneos, asombrados por la destreza diplomática y la corte única de Federico, lo llamaban *stupor mundi* ("maravilla del mundo"), Honorio lo veía como un infiel, un traidor y un peligroso engorro. Haría de Federico un chivo expiatorio de la derrota, y todo el cristianismo seguiría su ejemplo.

Fue el odio de todo su imperio lo que finalmente movió a Federico a involucrarse en las Cruzadas. Honorio lo persuadiría de que no tenía más remedio que emprender otra cruzada para recuperar la confianza del pueblo, por lo que, en 1225, Federico prometería ir en los próximos tres años. Sin embargo, rápidamente se echaría atrás y poco haría para cumplir su promesa, lo que provocaría una revuelta en Italia. Reformando la Liga Lombarda, la misma organización que había derrotado al genio militar que había sido su abuelo, organizó una rebelión contra Federico. Asustado, Federico tuvo que acudir a Honorio en busca de ayuda, y el papa medió en una negociación entre el emperador y los rebeldes que finalmente terminaría pacíficamente. Sin embargo, se le hizo entender claramente a Federico que tendría que emprender una cruzada o perder el control de su imperio.

Sin embargo, para el mundo que lo observaba, parecía que Federico se estaba retrasando una vez más. Citaría los problemas dentro de su reino como la razón para demorarse, pero al parecer, Federico estaba realmente ocupado buscando otro ángulo con el que manejar la próxima Cruzada. Nunca se había involucrado en una guerra importante antes, sino que resolvía muchos de sus problemas con la diplomacia, y fue el primer líder europeo en considerar seriamente que la diplomacia podría ser la respuesta al objetivo de las Cruzadas. En 1225 se casó con Yolanda de Brienne (también conocida como Isabel II), la reina de Jerusalén de trece años. Aunque la realeza europea de Jerusalén no tenía control sobre la ciudad, sino que vivía en el exilio en Europa, esto convertiría a Federico en el rey oficial de Jerusalén. Una vez que se llevara a cabo esta unión, Federico se demoraría otros tres años hasta que Honorio murió y fue reemplazado por el papa Gregorio IX. Harto de la desgana de Federico, Gregorio lo excomulgó rápidamente, y el emperador se resignó a su destino y partió hacia Tierra Santa en 1228.

Federico es conocido por tener un enfoque inusualmente moderno de la política, el gobierno y la vida en general, y su papel en la Sexta Cruzada no sería la excepción. El líder excomulgado de la Cruzada todavía era controvertido; muchos de los caballeros, algunos de ellos pertenecientes a órdenes religiosas como los Caballeros Templarios, se negaban a servirle. Las cosas empeorarían cuando Yolanda murió al dar a luz, dejando a Federico como regente de su hijo Conrado.

A pesar de esto, Federico reunió un ejército considerablemente más grande y mejor entrenado que cualquier líder cruzado anterior, y se dirigió a Jerusalén en gran parte sin oposición. Sin embargo, una vez allí, no sacaría sus pertrechos de asedio ni prepararía sus arietes. En cambio, ayudado por sus hábitos de asociarse con judíos y musulmanes, para disgusto de la Iglesia, Federico negociaría la paz con el líder musulmán. Afortunadamente para, el líder musulmán, al-Kamil, también tenía una mente abierta. Estaba cansado del engorro en que se habían convertido las Cruzadas, y en 1229, los dos líderes firmaron el Tratado de Jaffa (que no debe confundirse con el más famoso Tratado de Jaffa firmado por Ricardo I y Saladino en 1192). Por fin, Jerusalén pertenecía a Federico.

Lamentablemente, recuperar Jerusalén no convertiría a Federico en un héroe, al menos no para el papado. Junto con el padre descontento de Yolanda, Juan de Brienne, Gregorio IX armó un ejército y declaró la guerra abierta a Federico menos de tres años después de la firma del tratado. Federico pasaría el resto de su reinado luchando contra el papado y las revueltas internas de la siempre problemática nobleza alemana. También tendría que lidiar con la guerra de la Liga Lombarda, las incursiones de los mongoles y una segunda excomunión por parte del sucesor de Gregorio, Inocencio IV. Sin embargo, irónicamente, vestía un hábito de monje cuando murió de disentería en 1250 después de un reinado largo, controvertido e ilustre.

La noticia de la muerte de Federico fue aceptada con alegría por el papado, que lo había etiquetado como amigo del diablo. Sin embargo, si hubieran conocido el caos en el que su muerte arrojaría al imperio, es posible que no se hubieran sentido tan felices.

Capítulo 12 - El Gran Interregno

Ilustración IV: La actual Basílica de San Pedro, que se completara en 1626, fue construida sobre las ruinas del lugar anterior para las coronaciones

La muerte de Federico en 1250, quién todavía había estado gobernando activamente hasta entonces, a pesar de que Inocencio IV lo había depuesto formalmente en 1245, dejaría el imperio en manos de su hijo, Conrado IV.

Dado que Federico había desheredado a su hijo mayor Enrique por su rebeldía, Conrado sabía que tarde o temprano se convertiría en emperador. Tenía solo doce años cuando empezó a involucrarse en la política, aunque su padre aún vivía y también había elegido a Enrique Raspe, Landgrave de Turingia, como regente de Alemania. Conrado sentiría el aguijón de la traición por primera vez en 1245 cuando Inocencio depuso a su padre. El destronamiento de Federico significaba que el papado le había quitado el trono a Conrad; en cambio, Enrique Raspe se abalanzó sobre la oportunidad de apoderarse del reino y, con el pleno apoyo del papa, se convirtió en un anti-rey.

Sin embargo, La casa de Hohenstaufen, continuaría apoyando a Conrado después de la muerte de Federico. Heredaría los títulos de su padre como rey de Jerusalén, Sicilia y Alemania, aunque el título de emperador del Sacro Imperio romano germánico no le sería otorgado ya que el papa no lo reconoció como rey de nada, y mucho menos como un verdadero emperador. Cuando Federico murió, Enrique Raspe también había muerto, y Guillermo de Holanda había sido elegido anti-rey en su lugar. El papa estaba decidido a aplastar a la problemática Casa de Hohenstaufen para siempre.

Pero Conrado, a pesar de lo joven que era, no sería derrotado tan fácilmente. Con solo 23 años, tomó las armas contra el papado y Guillermo marchó sobre Italia. Este acto de guerra lo llevaría a su excomunión, pero no fue un impedimento para Conrado. Estaba decidido a recuperar la gloria de los Hohenstaufen y a apoderarse del poder que sentía que era legítimamente suyo, pero no sería así. Cuando la guerra civil estalló en la faz de Alemania, justo cuando Conrado estaba reuniendo un ejército para atacar a Guillermo directamente y recuperar su trono, el joven rey murió de malaria en 1254. Y a pesar de que dejara un hijo pequeño, Conradino, ningún Hohenstaufen volvería a sentarse en el trono del imperio.

La muerte de Conrado provocaría aún más divisiones en Alemania y, una vez más, sería la gran brecha entre la Casa de Güelfa y la Casa de Hohenstaufen lo que destrozaría el país. La familia Güelfa apoyaba a Ricardo de Cornualles, un príncipe inglés, que había rechazado repetidamente la oferta del reino de Alemania incluso cuando se la había dado el papa Inocencio IV. Finalmente aceptaría ser coronado rey de los romanos en 1257. Por otro lado, los Hohenstaufen favorecía a Alfonso X. Alfonso era un sabio y erudito rey de Castilla (en la España actual), cuya madre había sido una duquesa de Suabia, pero nunca había estado en Alemania y no obtuvo ningún apoyo del papado.

Durante casi veinte años, nada más que el caos reinaría en Alemania, y el Sacro Imperio romano sería casi olvidado. Estallarían brotes de violencia entre los dos candidatos a la realeza, y ninguno de ellos sería aceptado universalmente. En cuanto al hijo de Conrado, el heredero real del trono alemán, el papado lo hizo a un lado rápidamente. El papa Alejandro IV seguiría los pasos de Inocencio IV en su implacable persecución a la familia Hohenstaufen, y Conradino nunca pudo reclamar nada más en Alemania que el Ducado de Suabia. Conservaría su título de rey de Jerusalén, un hecho que irritaba constantemente al papa, que hacía mucho que lo había excomulgado. Se rebeló contra Carlos I, conde de Anjou, quien lo capturó y decapitó en 1268 cuando solo tenía dieciséis años, y ese fue el final de la línea Hohenstaufen para siempre.

Con Alemania envuelta en la guerra civil, el caos parecía no tener fin. A los príncipes les importaba poco más que incrementar su poder individual, y el amargo conflicto entre las familias opuestas continuaría. Solo en 1273, cuando murió Ricardo de Cornualles, el inestable período conocido como el Gran Interregno finalmente llegaría a su fin.

El final de la era de los Hohenstaufen, por muy ilustres y coloridos que fueran, marcaría el comienzo de una nueva era bajo una dinastía nueva y aún más poderosa. Había llegado el tiempo de los Habsburgo.

* * * *

El hecho de que Rodolfo, conde de Habsburgo, fuera el primero de lo que sería una larga lista de grandes emperadores romanos era irónico teniendo en cuenta que la única razón por la que fuera elegido rey fue porque se suponía que debía ser manso, apacible y sin demasiados problemas.

Hartos de décadas de conflicto, los nobles alemanes finalmente se cansaron de la toma de poder que había estado ocurriendo desde la muerte de Conrado IV. Ahora que Ricardo de Cornualles estaba muerto, era hora de encontrar a alguien más para ser rey, alguien que fuera fácil de controlar y reacio a causar divisiones, ya sea entre él y los nobles o entre él y el papado. Alemania necesitaba un pequeño rey pacífico, la antítesis de Barbarroja, y Rodolfo parecía ser el hombre adecuado para el cargo.

Rodolfo, un conde humilde, provenía de una familia pro-Hohenstaufen, pero relativamente menor: los Habsburgo. Su vida temprana es bastante oscura; nació el 1 de mayo de 1218, justo antes de que Federico II fuera nombrado emperador, y lo habían enviado a su tío para que lo usara como escudero en 1232. Este movimiento puede haber indicado que la familia de Rodolfo pensaba que no sería mucho lo que se podía esperar de él. Tampoco, los escuderos tradicionalmente ascendían hasta convertirse en caballeros, eran importantes en el campo de batalla, pero insignificantes en política.

Posiblemente como resultado de la muerte de sus hermanos mayores, Rodolfo terminaría heredando las tierras de su padre en 1239. Se convirtió en el Conde de Habsburgo, un área relativamente pacífica, pero no obstante grande y próspera en la Suiza actual. Su único derecho real a la fama fue defender sus tierras con éxito contra los ataques en la década de 1240, lo que demostraría que al menos podía manejarse a sí mismo en el campo de batalla. También era un partidario del papa, por lo que, cuando la nobleza alemana lo eligiera rey en 1273, había pocas razones para que el papa o cualquier otra persona hiciera mucho escándalo con su nombramiento. Fue elegido por unanimidad y ocupó su lugar como rey sin casi ninguna resistencia.

La elección de Rodolfo puede haber sido una sacudida para algunos de los jugadores más importantes en el peligroso juego de la política medieval. El más notable de ellos fue Otakar II, rey de Bohemia. Bohemia había sido un ducado de Alemania hasta el reinado de Federico II, quien había permitido que se convirtiera en un reino, y su poder e importancia estaba creciendo rápidamente. Esta nobleza alemana preocupaba sin cesar, ya que temían que Bohemia pudiera intentar invadir Alemania; Otakar ya tenía planes para el trono alemán. Se suponía que Rodolfo era un marcador de posición dócil y conveniente.

Por el contrario, el primero de los reyes de los Habsburgo tomaría las riendas de Alemania con tanta firmeza como un jinete experimentado agarra las riendas de un caballo particularmente rebelde. Estaba decidido a domesticar a la bestia salvaje que había provocado décadas de guerra civil e imponer una paz real y duradera en la tierra que había pasado tantos años en guerra consigo misma.

Después de su coronación en Aquisgrán, la ciudad que tanto había amado Carlomagno, Rodolfo supo que se enfrentaba a dos grandes enemigos: el papa y Otakar. Durante mucho tiempo había sido un partidario del papado, y hacer las paces con Roma era relativamente fácil, pero requería un acto de humildad que hubiera sido imposible para muchos de los príncipes en guerra que habían estado destrozando Alemania. Al darse cuenta de que tener un gran imperio no sería bueno si no podía mantener la paz interior, Rodolfo entregó Roma y Sicilia al papa Gregorio X. Sin duda, Federico II se habría sentido mortificado al ver que estaba pasando, pero resultaría ser el movimiento correcto en ese momento; los lazos entre el papado y Alemania finalmente se habían restaurado. Para poder llegar a un acuerdo, Rodolfo también prometería liderar otra Cruzada.

Sin embargo, Otakar no se aplacaría tan fácilmente. Nacido en 1233, no había tenido una infancia fácil. Con su hermano mayor siendo preparado para gobernar el Reino de Bohemia, Otakar había sido educado en temas eclesiásticos, pero su hermano moriría repentina e inesperadamente cuando joven, en 1247. Otakar, de catorce años, tuvo que aceptar el hecho de que ahora gobernaría el reino, y no se lo tomó bien. Embriagado por el estupor, se negó a involucrarse en política y se retiró a una vida de caza y libertinaje. Fue mientras Otakar estaba en este estado vulnerable cuando algunos de los enemigos de su padre lo incitaron a liderar una rebelión contra su padre en 1248; la rebelión no tendría éxito y Otakar fue encarcelado.

Sin embargo, ahora estaba lejos de ser ese adolescente rebelde. Con cuarenta años y habiendo gobernado Bohemia con mano dura durante veinte años, estaba preparado para mucho más que un pequeño reino. Quería ser emperador, seguir los pasos de Carlomagno y de los príncipes Hohenstaufen con los que estaba relacionado a través de su madre sueva. Cuando Rodolfo asumió el trono, Otakar ya tenía el control de varios importantes ducados alemanes, incluidos Carintia y Austria. No estaba dispuesto a dar marcha atrás por alguna historia sin importancia quién de repente se había convertido en rey.

Rodolfo le dio a Otakar tres años para reconocerlo como rey y entregar algunas de las tierras alemanas que controlaba. Por supuesto, Otakar no tenía intención de hacer nada de lo que Rodolfo le había pedido, y en 1276, no tuvo más remedio que declarar la guerra abierta a su rival bohemio. A pesar de que la diplomacia de Rodolfo le había costado a Otakar uno de sus aliados clave, el papa, Otakar estaba, no obstante, dispuesto a enfrentarse al rey alemán en batalla.

Los reyes se reunieron por fin en Viena, Austria (que entonces era un ducado de Alemania), donde Rodolfo pondría sitio a la fortaleza de Otakar. Con su gobernante atrapado en su propia casa, algunos de los mismos nobles de Otakar se rebelaron contra él, y solo pudo ver cómo destrozaban Bohemia. Se vio obligado a rendirse, entregando todas sus tierras alemanas e incluso comprometiendo a su hijo con la hija de Rodolfo; a cambio, Rodolfo le concedió el derecho a seguir siendo rey de Bohemia. Sin embargo, la paz que hicieron resultaría efímera. Rodolfo había convertido de manera insultante a Viena en su capital, y Otakar estaba decidido a recuperarla. En 1278, amasó un ejército bohemio y marchó sobre Viena, pero sería su última campaña. Los hombres de Rodolfo lo encontraron en la batalla de Marchfeld, y el rey de Bohemia murió en la lucha.

Capítulo 13 - El Rey de la Paz

La derrota de Otakar marcaría el comienzo, después de muchas rebeliones y décadas de guerra civil, de un período bienvenido de tranquila estabilidad que el pueblo alemán necesitaba tan desesperadamente. Rodolfo rápidamente demostraría ser algo más que un testaferro político para ser manipulado por sus nobles. De hecho, aunque sus comienzos habían sido humildes, demostraría ser uno de los reyes más capaces de Alemania. Mientras todavía luchaba con príncipes rebeldes, todos querían una parte de su prosperidad para sí mismos, Rodolfo lograría mantener la paz durante el resto de su reinado. También trataría de asegurar la estabilidad después de su muerte preparando a sus hijos, primero el menor, Rodolfo, y luego el mayor, Alberto, después de la muerte de Rodolfo, para que fueran gobernantes capaces.

A pesar de los muchos esfuerzos de Rodolfo para asegurarse de que el reino pasara sin problemas a Alberto cuando murió en 1291, su hijo tendría que esperar algún tiempo antes de tener la oportunidad de ser rey. Quizás temiendo el poder de una sola familia, la nobleza rechazaría a Alberto y elegiría a otro rey en su lugar, Adolfo de Nassau. Entre los electores estaba el rey de Bohemia, que era el hijo de Otakar, Wenceslao II. Quizás más que nadie, Wenceslao guardaba rencor a Rodolfo y toda su familia. Adolfo, que era un conde relativamente poco importante, pero a quien se le había otorgado el título de Señorío del Castillo por su devoto servicio a Rodolfo, era el candidato perfecto. Estaba lo suficientemente cerca de Rodolfo como para no enojar a muchos de los partidarios del rey anterior, no obstante, era una mejor opción para los oponentes de Rodolfo que el amado Alberto. La elección de Adolfo también sería un movimiento estratégico en nombre de los nobles que lo eligieron: estaban tratando de evitar las desastrosas dinastías que estaban causando dolor en otras partes de Europa asegurándose de que el título de rey de Alemania no fuera hereditario. Independientemente del hecho de que Alberto había sido bien educado para convertirse en rey desde que era joven, Adolfo tomó lo que Alberto consideraba su lugar legítimo en el trono.

Los electores eligieron a Adolfo en parte porque lo veían débil y controlable, pero al igual que la de Rodolfo, esta decisión sería muy negativa para la nobleza. Aunque no tan sabio como Rodolfo, Adolfo ciertamente pudo tomar algunas decisiones importantes para el bien del reino y para la adquisición de su propio poder. Entre ellas, la clave fue establecer una fuerte alianza con el rey Eduardo I de Inglaterra. Las tensiones entre Francia e Inglaterra habían aumentado desde la desastrosa relación entre Ricardo Corazón de León y el rey francés Felipe II, y los dos países estaban a solo unas décadas del prolongado y sangriento conflicto que más tarde se conocería como la guerra de los Cien Años. Eduardo estaba buscando aliados contra su antiguo enemigo, y Adolfo se apresuró a ofrecer su ayuda. Esto generaría ingresos considerables de la corona inglesa más rica.

En 1298, el creciente poder de Adolfo comenzó a preocupar a la nobleza alemana. Querían un rey dócil, no alguien que iba a empezar a gobernarlos con mano firme. Una de las primeras señales de problemas para Adolfo se produciría cuando Alberto, que hasta ese momento había sido discreto en su oposición a Adolfo, evitando la confrontación directa, formara una alianza con Wenceslao II de Bohemia. Los dos jóvenes dejaron de lado la antigua rivalidad de sus padres y formaron una coalición potencialmente fuerte y peligrosa.

Fue entonces cuando Alberto comenzaría a oponerse abiertamente a Adolfo, todavía completamente convencido de que él era el legítimo heredero del trono.

El desastre era inminente. Alberto tenía muchos seguidores leales, mientras que Adolfo tenía el poder del ejército real detrás de él, por lo que la guerra civil parecía ser inevitable. Era exactamente lo que la nobleza había estado esperando evitar. Claramente, Alberto no iba a renunciar a su corona, y los arzobispos y la nobleza que habían elegido a Adolfo estaban comenzando a lamentar su decisión.

En un acto sin precedentes, entonces completamente inaudito, los electores decidieron deponer a Adolfo. Esto era algo que legalmente solo podía hacer el papa mismo, pero el papa nunca se involucró. Los electores simplemente acusaron al rey de una variedad de crímenes diferentes, incluido el sacrilegio, y lo pusieron de patitas en la calle, eligiendo a Alberto en su lugar.

Sin embargo, Adolfo no caería sin luchar. Reunió a su ejército a las puertas de Mainz, donde esperaba su némesis, el arzobispo de Mainz, uno de los principales electores detrás de su deposición. Alberto sabía que tendría que defender su corona antes de que pudiera usarla, y estaba listo para enfrentarse a su oponente en una batalla total. Para consternación de los electores, la guerra resultaría ser inevitable, pero afortunadamente para ellos y para el pueblo de Alemania, también duraría poco. Los dos rivales se encontraron en la batalla de Göllheim el 2 de julio de 1298, y el feroz ejército de Alberto, reforzado con bohemios, superaría sin mayor esfuerzo al de Adolfo. El rey depuesto se unió a un pequeño grupo de fieles seguidores mientras el resto de su ejército se puso en fuga y Alberto I tomó su lugar en el trono de su padre.

El reinado de Alberto resultaría similar al de su padre. Tenía poco interés en expandir el imperio o reclamar el título imperial, en lugar se centraría en tratar de mantener alguna forma de paz dentro de sus fronteras. Al igual que Rodolfo, no lograría reprimir del todo a los príncipes en guerra, hambrientos de poder, pero mantendría una endeble paz con Italia, aunque el papa tardaría cinco años en reconocerlo como rey. Lamentablemente, Alberto solo gobernaría durante diez años antes de que su hábito de limitar el poder de los duques alemanes lo llevara a su muerte prematura. Fue apuñalado y asesinado por Juan de Suabia, su sobrino, en 1308.

Al igual que Rodolfo, Alberto había pasado gran parte de su gobierno preparando a su hijo y heredero para que se hiciera cargo del reino después de su muerte, pero no sería así. Los electores todavía estaban tratando de evitar que una familia se volviera demasiado poderosa, como eran los Hohenstaufen, enfureciendo a las otras familias y provocando otra guerra civil como la que había tenido lugar durante el Gran Interregno. Destrozando las esperanzas del hijo de Alberto, que pensaba que heredaría el trono de su padre, los arzobispos y nobles hicieron en cambio lo que habían hecho cuando eligieran a Rodolfo y Adolfo: eligieron a un noble menor bastante oscuro, pero no obstante prometedor y educado, para ocupar el trono como rey.

Esta vez, el noble que eligieron sería Enrique de Luxemburgo, un conde que se había educado en Francia. Enrique era un hombre de voz suave, modales apacibles y muy erudito que fue coronado rey Enrique VII de Alemania en 1308. Con la paz establecida principalmente dentro de las fronteras de Alemania, pudo fijar su mirada más allá y comenzó a restablecer el imperio de antaño.

Su primer objetivo sería afianzarse firmemente en el Reino de Bohemia. Su rey, Wenceslao II, había sido amigo de su predecesor, pero ahora había muerto, dejando el reino dividido entre sus hijos. Su hijo y heredero, coronado Wenceslao III, apenas había reinado un año antes de ser asesinado. Así, el trono quedó en manos de su cuñado, Enrique de Bohemia, para gran disgusto de la única hija de Wenceslao, la princesa Isabel. A diferencia de su cuñado, Isabel tenía sangre real en las venas; aunque tenía solo catorce años, estaba decidida a sentarse en el trono de Bohemia como su reina. Se dirigió al poderoso vecino de Bohemia, Alemania, en busca de ayuda a cambio de su mano en matrimonio. Enrique VII aprovechó la oportunidad de recuperar el control sobre lo que había sido un ducado alemán. Salió al rescate de la hermosa y joven princesa, deponiendo a su oponente y casándola con su hijo, Juan. Así Juan fue coronado rey de Bohemia e Isabel ocuparía el lugar que le correspondía a su lado.

Con Bohemia ahora convertida en aliada, Enrique se dirigió a otro vecino de su país: Italia. Italia estaba entonces en un estado de confusión. Más o menos abandonada por los reyes alemanes desde que Rodolfo se retirara del país en 1273, se había fragmentado en Sicilia, Nápoles, el Ducado de Milán y los estados papales del centro de Italia. Ahora, todos estaban en guerra, y el papa, Clemente V, estaba buscando un aliado más fuerte. El pueblo mismo pedía la paz, y cuando Enrique VII declarara su intención de ir a Roma y convertirse en emperador del Sacro Imperio romano germánico como en los tiempos antiguos, muchos de ellos lo recibieron como un héroe. Hacía más de medio siglo que nadie había estado en el trono imperial desde Federico II y la unidad que el título de emperador había traído al imperio era desesperadamente deficiente.

Nadie recibiría la noticia de un nuevo emperador tan bien como un anciano poeta llamado Durante di Alighiero degli Alighieri, más conocido por su seudónimo de escritor, Dante.

* * * *

Dante un florentino, había nacido alrededor de 1265 en una familia italiana bastante prominente que apoyaría a la Casa Güelfa y al papado durante la guerra civil en Alemania. Fue entrenado como soldado de caballería para luchar contra los Hohenstaufen, pero desde el principio, era obvio que Dante no tenía el corazón de un soldado. Por el contrario, era un romántico desesperado.

Dante tenía solo nueve años cuando perdería total y completamente su corazón por una hermosa joven llamada Beatrice Portinari. Ella tenía más o menos su edad y se conocieron, o, al menos, Dante la vio por primera vez, en una obra de teatro del Primero de Mayo en la casa de su padre. Llevaba un vestido del más profundo carmesí, pero su color no era más profundo o ardiente que la pasión que despertaría en el joven Dante al verla. Demasiado tímido para hablarle, Dante la admiraba desde la distancia. Este no sería un enamoramiento infantil común. Dante estaba realmente enamorado, estaba obsesionado con Beatrice, y permanecería así durante nueve largos años sin intercambiar una sola palabra con el objeto de sus más devotos afectos.

De hecho, Dante y Beatrice solo hablaron una vez. Como sus padres solían hacer negocios juntos, los jóvenes se veían con frecuencia y Beatrice conocía el nombre de Dante, pero él siempre se había sentido demasiado abrumado por su belleza como para presentarse. Él tenía dieciocho años y ella diecisiete cuando finalmente hablaron por primera vez. Fue una cuestión de suerte, un encuentro accidental, uno que probablemente dejara a Beatrice sin saber que su joven vecino estaba profundamente enamorado de ella. Dante caminaba por las calles de Florencia cuando se encontró con ella que caminaba con dos compañeras mayores y vestía de blanco, imprimiéndose para siempre en la mente de Dante como una especie de ser celestial, un ángel resplandeciente. Asombrado, la miró boquiabierto, y Beatrice reconoció al joven que la estaba mirando tan abiertamente. Ella lo saludó cortésmente, quizás con una pizca de picardía por su expresión. Su saludo tuvo el efecto de dejar estupefacto a Dante, que se describe mejor en sus propias palabras: "De hecho, brillaba con una llama de caridad que me movía a perdonar a todos los que alguna vez me habían herido; y si en ese momento alguien me hubiera hecho una pregunta, sobre cualquier cosa, mi única respuesta habría sido: 'Amor', con un rostro revestido de humildad".

Tan impresionado quedó el joven por el saludo de esta figura angelical, alguien a quien su amor había elevado a un estado casi divino en su mente, que tropezó de regreso a casa y se sentó en su cama para reflexionar sobre el latido de su corazón hacia ella. Su ensueño por fin lo llevó a dormirse, y sus sueños se llenaron de ella. Cuando se despertó, supo que tenía que hacer algo con el maravilloso sueño que acababa de tener. Entonces, lo escribió y luego se publicó como *La Vita Nuova*, "La Nueva Vida", la primera gran obra de Dante y un poema de amor épico. En ese momento, la mayor parte de los escritos todavía estaba en latín, el idioma de la antigua Roma, pero Dante no podía concebir darle vida a sus sentimientos por Beatrice en otro idioma que no fuera el que había hablado cuando crecía. Lo escribiría en italiano y se convertiría en una de las primeras obras significativas en ese idioma.

Para cuando se publicara *La Vita Nuova* en 1295, Beatrice llevaba cinco años muerta y el Dante estaba casado con otra mujer. La verdad era que su amor por ella no sería correspondido para siempre. Solo tenía doce años cuando estaba comprometido con otra mujer, un matrimonio arreglado por sus familias, y pasaría a tener varios hijos con ella. Sin embargo, Beatrice nunca se alejaría de su corazón, incluso después de su matrimonio con otro hombre y su posterior muerte. Puede que nunca hubiera besado esos adorados labios, pero eso no evitaría que su corazón los añorara. *La Vita Nuova* no sería la última de las obras de Dante, y no sería la única en presentar a Beatrice.

La situación política en Italia era constantemente turbulenta y afectaría a Dante a su manera. Si bien había luchado del lado de Güelfo durante la guerra civil en Alemania, Dante pronto caería en desgracia con sus aliados, quienes lo enviaron rápidamente a vivir en el exilio. Retirándose por completo de la escena política, Dante concibió y escribió el texto sobre el que se construiría la literatura italiana: *La Divina Commedia*, o "La Divina Comedia". Este poema épico se destacaría como una brillante estrella de la literatura medieval. La historia se sumergiría profundamente en la comprensión medieval del más allá, llevando a su narrador a través del infierno, el purgatorio y finalmente al cielo, y la guía del narrador a través del cielo era una joven hermosa y angelical: Beatrice.

Dante pasaría años componiendo *La Divina Commedia*, y cuando estaba escribiendo el famoso *Paradiso*, la *cántica* del Cielo, las cosas habían cambiado en Italia y en el extranjero. Los dos reyes de los Habsburgo habían puesto fin a las constantes batallas entre los Güelfo y los Hohenstaufen, y Enrique VII había tomado el trono, decidido a hacer la paz y logar la unidad con Italia. Encantado de ver el fin de la división que lo había convertido en un paria de su propia casa, Dante sería un apasionado partidario del emperador, tanto que entró en detalles en el *Paraíso* para describir la abundante gloria y recompensas que se acumularían sobre el emperador a su llegada al cielo. Apodaría a Enrique el "Rey de la Paz" y esperaba vivir en un imperio una vez más unido bajo el gobierno de un solo emperador.

El sueño de Dante solo se haría realidad parcialmente. Enrique fue coronado emperador del Sacro Imperio romano germánico en 1312, pero nunca obtuvo el apoyo total de toda Italia. Incluso durante su coronación, parte de Roma se rebelaría en su contra. Sin embargo, lograría someter a Milán, una ciudad históricamente difícil para sus predecesores. Muchas ciudades italianas se negarían a inclinarse ante él, incluida la casa de la infancia de Dante en Florencia. Enrique partió para subyugar estas ciudades a su autoridad mediante una campaña militar, pero contraería malaria y murió durante una expedición para conquistar Nápoles el 24 de agosto de 1313. Lamentablemente, el "Rey de la Paz" de Dante no lograría del todo su misión.

Capítulo 14 - El Ascenso de los Habsburgo

Después de la muerte de Enrique VII, los electores eligieron una vez más a una figura bastante menor como próximo rey: Luis el Bávaro. Aunque era hijo de una hija del rey Rodolfo I, Luis no tenía ningún derecho directo al trono, pero se vería favorecido por la poderosa familia luxemburguesa una vez que no consiguieran poner en el trono al rey Juan de Bohemia, el hijo de Enrique VII. Este sería, una vez más, un intento de evitar que una sola familia se volviera demasiado poderosa. Con la ayuda de la influencia de los luxemburgueses, Luis IV sería coronado rey en 1314.

Como los reyes antes que él, Luis se centraría en establecer su familia y relaciones favorables con Italia. La primera parte de su reinado estuvo involucrada en una guerra civil con su propia familia, los Habsburgo, pero una vez que Luis derrotara al anti-rey y estableciera firmemente su derecho al trono, se dirigiría a Italia. Coronado rey de Italia en Milán en 1327, avanzó hacia Roma, donde se enfrentó casi de inmediato con el papa. Juan XXII no tenía la intención de coronar emperador Luis, un problema que Luis resolvería persuadiendo a un viejo senador para que llevara a cabo la ceremonia de coronación. Esta sería la primera vez que un emperador del Sacro Imperio romano germánico sería coronado en contra de los deseos del papa, y Juan estaba indignado. Luis y Juan pasarían gran parte del resto de sus vidas discutiendo si Luis tenía derecho a llamarse emperador sin el mandato del papado. De hecho, su desacuerdo se extendería por gran parte de Europa, involucrando a Francia (que acababa de declarar la guerra a Inglaterra en 1339), y estaba a punto de estallar en una guerra en toda regla cuando Luis, mientras cazaba un oso en 1347, sufrió un derrame cerebral y murió.

Su sucesor, para gran triunfo de los luxemburgueses que desde entonces habían entrado en conflicto con Luis, resultaría ser Carlos IV, hijo de Juan de Bohemia. Carlos había perdido a su padre en la batalla de Crécy, uno de los primeros compromisos de la guerra de los Cien Años entre Francia e Inglaterra. Para entonces, el rey Juan de Bohemia se había quedado completamente ciego y no tenía nada que hacer en el campo de batalla. Sin embargo, después de varios fracasos al final de su reinado, había reclamado la corona de Italia y Luis lo derrotaría y lo obligaría a rendirse. Juan estaba decidido a hacer una última y valiente resistencia. Cargaría a la batalla, pero fue abatido y asesinado frente a los ojos de su hijo. El gobierno de Juan no había sido fácil. Muchas potencias bohemias lo veían como nada más que un usurpador alemán, que había luchado por establecer su derecho al trono, incluso chocando con su propia esposa. La princesa Isabel había sido una joven ambiciosa y apasionada cuando se casó con Juan, y de ninguna manera el matrimonio no había templado su espíritu. Aun así, Carlos tuvo poca participación en todo esto. Tenía apenas siete años cuando lo enviaron a vivir a la corte de un familiar en Francia, donde sería educado por tutores privados y adquiriría el gusto por la literatura y las artes.

Regresó a Bohemia en 1333 con una prometida, Blanca de Valois, prima del rey Carlos IV de Francia, una amistad con el futuro papa francés, Clemente VI, y un anhelo por la ciudad donde había nacido. Praga, la capital de Bohemia (y de la actual República Checa, donde todavía se venera a Carlos como un héroe), era la ciudad que amaba. Después de su regreso a Francia para ver morir a su padre en la batalla de Crécy en 1346, Carlos se había convertido en rey de Bohemia. El mismo año, sería elegido rey de Alemania y, por lo tanto, rey de los romanos, título que denota un derecho al trono imperial. Su amistad con Clemente VI allanaría su camino hacia el poder imperial, y sería coronado emperador del Sacro Imperio romano germánico en 1355 con poca resistencia.

Además de convertir a Praga en la capital del imperio y hacer de la ciudad un centro no solo para la administración del imperio sino también para las artes y la cultura, Carlos también tomaría medidas para hacer de la elección de reyes un asunto más estructurado y disciplinado. usando la Bula de Oro de 1356.

La Bula de Oro fue una obra de paz y armonía entre Carlos, el papado y los príncipes, tanto eclesiásticos como seculares, a quienes se les había encargado el procedimiento de elección del próximo rey. En lugar de dedicar todos sus esfuerzos a llevar a su hijo al trono como sus predecesores, Carlos deseaba que el proceso electoral fuera más justo y simplificado por el bien del imperio. La bula formaría la base de la constitución del Sacro Imperio romano durante los cuatro siglos venideros. Detallaba el proceso electoral, moderaba las relaciones del imperio con sus vecinos (incluido el papado y la propia Bohemia), y nombraba específicamente a los príncipes que formarían los siete electores. Se trataba de tres clérigos (los arzobispos de Colonia, Maguncia y Tréveris) y cuatro gobernantes seculares (el rey de Bohemia, el duque de Sajonia-Wittenberg, el conde palatino del Rin y el margrave de Brandeburgo).

Carlos presidiría más de treinta años de paz, estabilidad y prosperidad en todo el Sacro Imperio romano germánico. Era un hombre de visión y vigor que lograría lo que algunos de sus predecesores solo habían soñado: ver a su propio hijo en el trono. Después de su muerte en 1378, su hijo Wenceslao IV se convirtió en pariente de Alemania hasta su derrocamiento en 1400. Un miembro de la familia Wittlesbach, Ruperto del Palatinado, lo sucedería como rey de Alemania hasta su muerte en 1410. Ninguno de estos hombres sería coronado como emperador, por lo que el Sacro Imperio romano germánico estuvo una vez más sin un líder durante casi medio siglo, a pesar de los mejores esfuerzos de Carlos IV.

Europa estaba comenzando a salir de la Edad Media y entrar en el Renacimiento. Los gobernantes progresistas como Carlos ya habían comenzado a ver un cambio de la oscura y sangrienta era medieval hacia una época de arte, literatura y filosofía. La idea misma de lo que se suponía que era el Sacro Imperio romano estaba cambiando rápidamente al mismo tiempo que la psique general del mundo estaba cambiando. En la época medieval, la visión de los emperadores, papas y otras figuras clave del imperio había sido unir a toda Europa bajo una sola iglesia y un imperio. Sin embargo, pensadores como Chaucer y Dante ya habían comenzado a cambiar el mundo hacia una época diferente. El surgimiento del humanismo, una filosofía que coloca a la humanidad en el centro del universo y celebra los logros humanos por encima de todo, estaba comenzando a minar la fidelidad incondicional de la población en general a la Iglesia católica romana.

En 1433 antes de que otro emperador del Sacro Imperio romano germánico fuera coronado, y cuando Segismundo de Luxemburgo tomara el trono, el imperio era una bestia muy diferente a la que había gobernado su padre, Carlos IV en el siglo anterior. Su gobierno sería breve, y tanto él como su sucesor, Federico III de Habsburgo, no estaban tan concentrados en expandir las fronteras del imperio como lo habían estado sus predecesores. Ambos fueron coronados emperadores del Sacro Imperio romano germánico, pero el sonido de ese título había perdido su tono todopoderoso. Parecía poco más que simbólico. Sin embargo, para los Habsburgo, era una señal de poder, a la que estaban inclinados a aferrarse, ya que los próximos doce reyes de Alemania serían de la familia Habsburgo.

A pesar del caos en el papado en 1409 y 1410 cuando tres pretendientes diferentes luchaban por el trono papal, las relaciones entre el papado y el imperio se mantuvieron bastante estables desde el gobierno de Carlos IV. Hubo muchas discusiones entre el papado y los emperadores del siglo XV cuando el concepto del Sacro Imperio romano germánico fuera cuestionado y redefinido a la luz de un mundo que se estaba preparando para recibir mentes geniales como las de Leonardo da Vinci y Galileo Galilei. Federico III, el sucesor de Segismundo causaría más daño que bien cuando intentara manipular a sus duques para que lo apoyaran en una guerra en Hungría; el Sacro Imperio romano estaba a punto de desmoronarse. Finalmente, en 1495 bajo el reinado del hijo de Federico, Maximiliano I (como los demás, un emperador de los Habsburgo descendiente de Alberto I), se crease la Dieta Imperial. Esta reunión de nobles establecería un nuevo conjunto de reformas que se basaran en la Bula de Oro para redefinir el Sacro Imperio romano germánico y su papel en la política europea. Cuando Maximiliano murió en 1519, dejó el imperio mucho más fuerte que antes de su reinado.

No obstante Maximiliano no sería nada, en comparación con su nieto y sucesor, Carlos V, uno de los hombres más poderosos de su tiempo.

Capítulo 15 - La Reforma

Carlos V nació con la sangre más noble de la realeza en sus venas. Carlos, hijo de Felipe I, rey de Castilla, y su esposa Juana la Loca, no tenía más que realeza por los abuelos. Por parte de su padre, era nieto del emperador del Sacro Imperio romano germánico Maximiliano I. Y su madre, aunque estaba mentalmente enferma, era descendiente de Isabel I y Fernando II. Eran los cogobernantes ricos y poderosos de España antes de que Felipe llegara al poder, y eran más conocidos por financiar una expedición extraordinaria que estaba destinada a encontrar la India, pero que en cambio descubriría el vasto Nuevo Mundo: el viaje de Cristóbal Colón.

Para cuando Carlos nació en el año 1500, España ya había apostado por el Nuevo Mundo. Sin embargo, su joven príncipe heredero pronto se encontraría gobernando mucho más de lo que hubiera esperado. Tenía solo seis años cuando murió su padre y fue enviado a vivir con su tía, la regente de los Países Bajos; después de la muerte de su padre, se convirtió en duque de Borgoña y comenzó a gobernar los Países Bajos cuando alcanzara la mayoría de edad. Y solo un año después de que Carlos comenzara a gobernar directamente los Países Bajos, en 1516, moría Fernando II de España. Su muerte catapultaría a España al caos. Juana había sido su única heredera sobreviviente, y mientras todavía estaba viva, su enfermedad la haría incapaz de gobernar, aunque algunos historiadores creen que quienes querían su poder exageraron estas afirmaciones. Cualquiera que sea el caso, esto dejó a su hijo Carlos con el único derecho legítimo al trono. El adolescente se vio coronado rey de España en 1516, un país que nunca había visitado y que hablaba un idioma que apenas podía entender. No obstante, su coronación uniría a Aragón y Castilla en el único país de España por primera vez.

Durante los dos años siguientes, los españoles estaban considerablemente descontentos con su joven rey. Sin embargo, esto no disuadiría a los electores en Alemania; seguía siendo nieto de Maximiliano y se convertiría en un enemigo poderoso y peligroso de Alemania a menos, por supuesto, que él mismo fuera elegido rey. Después de la muerte de Maximiliano en 1519, Carlos fue elegido para el trono de Alemania al año siguiente y coronado emperador del Sacro Imperio romano germánico una década más tarde.

Por lo tanto, Carlos se convirtió en el gobernante de un imperio que se extendía por toda Europa, pero que también tenía reclamos en el Nuevo Mundo. Las tierras de Carlos incluían partes de la actual España, Bélgica, Alemania, República Checa, Holanda, Hungría, Italia, Sicilia, Austria, y también Perú y México. Era un imperio tremendo, pero su gobernante era joven y no estaba probado. Con solo diecinueve años, Carlos nunca había visto una batalla real. Había crecido sin una figura paterna regia que lo guiara, y ya tenía fama de mujeriego y borracho, llegando incluso a rechazar los vinos finos que parecían más aptos para un paladar regio en favor de la cerveza.

Y muy pronto, un gran cambio sísmico en la mentalidad del mundo llevaría a Carlos a enfrentarse a su primer oponente real. Pero este oponente no sería un señor de la guerra enojado empeñado en causar estragos en el poderoso imperio de Carlos. En cambio, este oponente atacaría la base misma sobre la que se había construido el Sacro Imperio romano: el catolicismo romano.

* * * *

El hecho de que Martín Lutero fuera el mayor oponente de la Iglesia católica romana era un poco irónico considerando que él mismo era un monje agustino, parte de la orden católica.

Desde el principio, convertirse en monje no había sido el plan del joven Martin. A pesar de que sus dos padres eran de baja cuna, su padre había sido un exitoso minero en su ciudad natal de Sajonia y había enviado al pequeño Martin a la escuela cuando solo tenía siete años. La esperanza de su padre era que su hijo tuviera una vida más fácil trabajando en un trabajo más fácil: ser abogado era mucho más cómodo que las luchas que su padre experimentara en la minería. A lo largo de su adolescencia, Martin demostraría ser un estudiante devoto y estudió materias como metafísica, lógica y retórica. Sin embargo, siempre sintió una atracción hacia temas que trataban con muchos menos temas tangibles; la teología y la filosofía lo atrajeron, y su padre tuvo dificultades para mantener a Martin enfocado en la ley en lugar de la teología. No obstante, Martin, como cualquier otro estudiante, estaba más centrado en las juergas con sus amigos que en las grandes preguntas del universo.

Cuando tenía 21 años, las circunstancias finalmente lo forzaron. Cuenta la leyenda que estaba de camino de regreso a la Universidad de Erfurt, donde había estado estudiando, después de visitar a sus padres cuando las nubes negras comenzaron a agitarse en el cielo cambiante sobre él. Martin aceleró el paso, con la esperanza de regresar a la universidad antes de que estallara la tormenta, pero el viento aullante era un presagio mortal de una tormenta que se estaba avecinando. Los árboles se doblaban y azotaban con el fuerte viento de verano, las primeras gotas de lluvia punzantes comenzaron a azotar el cuello y la espalda de Martin, y echó a correr, tratando de no dejar que el pánico lo superara.

El primer trueno sacudió el cielo, sonando como si el mundo fuera partido por la mitad por manos gigantes y vengativas. Un relámpago cegador llenó el mundo de Martin; contuvo el aliento, petrificado, sus pies chapoteaban en la tierra empapada mientras salía disparado. Una oración de pánico pasó por su mente mientras corría.

El siguiente trueno estaba justo encima de él. Un rayo rugió a través del cielo y hubo un crujido terrible seguido de un estallido de impacto. El rayo golpeó la tierra tan cerca de Martin que fue lanzado al aire. Martin se estrelló contra el barro y la lluvia le caía sobre el rostro. Nunca había estado tan aterrorizado en toda su vida. Sus pensamientos volaron a las palabras que su padre decía cada vez que estaba en problemas o en peligro.

"¡Santa Ana!" gritó aterrorizado, invocando el nombre del santo patrón de los mineros, a quien su devoto padre había adorado profundamente. "¡Sálvame y me convertiré en monje!".

Según el relato de Martín Lutero, la tormenta se despejó casi instantáneamente. Un joven Martin conmocionado regresó a Erfurt, asustado, pero ileso. Y sabía que acababa de hacer una promesa a una entidad divina, una promesa que tenía la intención de cumplir.

Fiel a su palabra, Martín ingresó en el Monasterio de San Agustín en Erfurt el 17 de julio de 1505. Se dedicaría de todo corazón a la vida monástica, estudiando los textos cristianos antiguos y meditando constantemente en las Escrituras. De hecho, Martin fue un monje católico romano absolutamente ejemplar, excepto que lo que encontraría en las Escrituras no estaba de acuerdo con lo que estaba viendo en la Iglesia católica en ese momento. Si bien muchas tradiciones del catolicismo de hoy han perdurado sin cambios durante casi dos mil años, la Iglesia católica medieval estaba abrumada por la pasión de sus líderes por el poder mundano. Papa tras papa había demostrado ser más tentado por el poder que por cualquier estándar moral, y esto había resultado en que algunas de las tradiciones de la Iglesia fueran, a los ojos de Martín Lutero, directamente contradictorias con lo que él estaba leyendo en las Escrituras mismas.

Durante doce años, Martín permanecería en silencio en el monasterio, dedicándose a traducir las Escrituras al idioma común que se hablaba en la zona en ese momento. Esto llamó la atención de los líderes de la Iglesia, enojados por esta actitud. Al evitar que los plebeyos leyeran las Escrituras por sí mismos, los líderes de la Iglesia habían estado protegiendo sus caminos pecaminosos de ojos interrogantes, y Martin estaba levantando la cortina para que todo el mundo viera lo que él creía que era la verdad divina. Sin desanimarse, Martin acababa de empezar. Se convirtió en profesor en la Universidad de Wittenberg, educando a las masas sobre las Escrituras que había estado estudiando.

Fue en 1517 cuando Martin finalmente hizo su gran movimiento. Marchó hasta la puerta de la Iglesia del Castillo en Wittenberg, cerca de la universidad donde estaba enseñando, y clavó un documento minuciosamente escrito en su puerta. El documento eran sus *Noventa Cinco Tesis*, y cuestionaban muchas de las tradiciones eclesiásticas que Martin consideraba incorrectas. Y al hacerlo, el joven monje iniciaba un movimiento que iba a poner patas arriba a toda Europa.

En este momento, el Renacimiento estaba en pleno vigor. Los pensadores que cuestionaban estaban cambiando el rostro de la religión, la filosofía, el arte y la ciencia. Un aumento en la educación, en comparación con la Edad Media, había dejado al hombre común preocupado por algo más que de dónde vendría su próxima comida. Había llegado el momento de un cambio, y difícilmente podía concebirse un cambio mayor que el de la Reforma protestante.

Después de la publicación de las Tesis de Lutero, la Reforma ganaría rápidamente poder. La imprenta, todavía un invento nuevo, permitiría la producción en masa de folletos y libros; la Biblia ahora podría reproducirse de forma rápida y económica para ponerla en manos de los hombres en la calle, en lugar de ser un manuscrito escrito a mano que se entregaba solo a los líderes de la Iglesia. La noticia de lo que había dicho Lutero se extendería como la pólvora, y el acceso general a las Escrituras daría peso a sus afirmaciones.

Considerando que Carlos V, emperador del Sacro Imperio romano germánico, detentaba gran parte de su poder al hecho de que había sido coronado emperador por el líder de la Iglesia Católica, inmediatamente reconocería el hecho de que Lutero y sus locas ideas eran una amenaza directa. Dos años después de ascender al trono imperial y cuatro años después de la publicación de las *Noventa y*

Cinco Tesis, Carlos convocó una Dieta Imperial para lidiar con Lutero y sus ideas.

Hasta ahora, el papa había intentado tratar con Lutero. Al revisar las Tesis, sorprendentemente, estuvo de acuerdo con la mayoría de ellas; sin embargo, condenaría 41 de las 95 y emitió una bula exigiendo que Lutero se retractara de lo que había escrito. Rebelándose contra su autoridad espiritual (Lutero todavía era un monje), Lutero quemó el toro y se negó a retractarse de una sola cosa. El papa León X luego se dirigió a su poderoso aliado, Carlos V, en busca de ayuda.

Cuando la Dieta de Worms se reunió el 18 de abril de 1521, Lutero fue llevado ante Carlos y los Electores, posiblemente los políticos más poderosos del mundo conocido en ese momento. Algunos de sus muchos libros fueron presentados ante él, y confesó que eran suyos. Sin embargo, cuando se le pidió que los repudiara, Lutero no se dejó intimidar por el poder absoluto de uno de los monarcas más poderosos de Europa. Los títulos y el poder de Carlos no lograron intimidarlo; Lutero declaró con calma que a menos que pudiera ser persuadido, usando las Escrituras o la lógica, de que alguna de sus teorías era incorrecta, no las repudiaría. Sus palabras hicieron alborotar a los arzobispos y príncipes reunidos.

Poco más de un mes después, Carlos emitió el Edicto de Worms, que calificaba a Lutero de hereje y enemigo del estado. El papa León quemó ceremoniosamente los libros de Lutero, y con eso, se declaró la guerra abierta al protestantismo. Desafortunadamente para Carlos, esto no logró detener la Reforma; otros actores clave como Juan Calvino e incluso el rey inglés Enrique VIII estaban comenzando a socavar la autoridad de la Iglesia católica, y los sueños de Carlos de un imperio unido bajo una Iglesia unida se frustrarían.

Durante el resto del reinado de Carlos, los protestantes serían perseguidos sin descanso. Enfermo y abrumado por la gran masa de su imperio, Carlos eventualmente dividiría el imperio entre sus parientes y abdicaría en 1556 (aunque comenzó lentamente el proceso de abdicación de sus territorios, comenzando en 1554). En los últimos años de su reinado, cuando ya se había retirado de la mayoría de sus responsabilidades políticas, Carlos sería testigo de la Contrarreforma, en la que la Iglesia católica finalmente respondió a la creciente ola del protestantismo volviéndose más educada, ilustrada y espiritual, más cercana a su identidad moderna. En 1555, después de casi cuarenta años de persecución y treinta años de guerra interreligiosa, Carlos finalmente desistiría de detener la Reforma. Los protestantes finalmente tendrían la libertad de adorar a su manera; la Paz de Augsburgo, un tratado entre Carlos y una liga militar de luteranos, permitiría a los gobernantes declarar oficialmente que sus estados eran protestantes si lo deseaban.

Habiendo visto fracasar sus sueños, Carlos viviría los últimos dos años de su vida plagado de problemas de salud. Pasaría sus últimos años cultivando un huerto pacíficamente y disparando a palomas en una casa aislada cerca de un monasterio católico y moría en 1558.

Quizás fue algo bueno que Carlos no viviera para ver qué sería de su amado imperio, ya que la guerra de los Treinta Años estaba a punto de causar estragos en Europa.

Capítulo 16 - Ocho Millones de Muertos

Ilustración V: Un retrato de 1526 Martin Lutero, el catalizador de la Reforma que llevaría a la guerra de los Treinta Años

El Castillo de Praga, que alguna vez fuera el centro del arte y la cultura tan profundamente amado por Carlos IV, se alzaba majestuosamente sobre el resto de la ciudad. En ese momento, Bohemia, era la joya más brillante de la corona imperial; rica en recursos naturales, fluía con abundancia, aportando grandes riquezas al tesoro imperial. Y el Castillo de Praga fue la expresión orgullosa de la prosperidad de Bohemia. Sus altísimos chapiteles y majestuosos salones abovedados tenían toda la magnificencia que correspondía a una parte clave del Sacro Imperio romano germánico. Sus muchas ventanas brillaban a la luz del sol del 23 de mayo de 1618, justo en el umbral de otro glorioso verano bohemio.

Pero no todo estaba bien dentro de los pasillos del Castillo de Praga. De hecho, venían gritos desde adentro, gritos enojados. Los gritos se intensificaron hasta convertirse en un tono desesperado, y luego vendría un rugido comunal de rabia desde el interior del majestuoso salón del primer piso. Con un golpe estremecedor, una ventana se abrió de par en par. Gritos de protesta sonaron desde adentro, y al momento siguiente, un funcionario del gobierno con atuendo regio fue catapultado por la ventana. Chocó con el pavimento junto al castillo y rodó sobre sus pies, con el rostro ceniciento por la indignación, pero en gran parte ileso. Un momento después, para su furia, su colega fue igualmente expulsado del castillo y arrojado al pavimento.

Ninguno de los dos resultó gravemente herido, pero mientras regresaban cojeando a un alojamiento más seguro, ambos estaban indignados. Poco sabían que su indignación desencadenaría una de las guerras más terribles en la historia de la humanidad.

* * * *

La Paz de Augsburgo fue el intento de Carlos de hacer las paces con los protestantes, pero sus secuelas marcarían el comienzo de una de las guerras más mortíferas de la historia. Cuando abdicó, Carlos entregó el poder a su hijo mayor y a su hermano menor. Su hijo, Felipe II, recibió el control de España, sus nuevas posesiones imperiales, Borgoña, los Países Bajos y las posesiones italianas. El hermano menor de Carlos, Ferdinando, que ya había gobernado Austria, Bohemia, Croacia, Hungría Real y Alemania durante décadas en nombre de Carlos V, asumió naturalmente el control total de los países. Fue coronado Fernando I y sentó un precedente que seguirían los siguientes tres emperadores y marcaría el comienzo de sesenta años de paz en Alemania: no molestaría a los protestantes, y ellos no lo molestaban a él. Mientras el catolicismo seguía siendo la religión real y el papado seguía siendo bastante poderoso, Fernando I estaba dispuesto a hacer concesiones a los protestantes. Así, a pesar de las profundas divisiones en las religiones del imperio, la guerra se mantuvo a raya.

El hijo de Ferdinando, Maximiliano II, y sus hijos, Rodolfo II y Matías, siguieron una política similar a la de su padre. Sin embargo, en otros aspectos, Rodolfo demostraría ser un mal gobernante. Estaba enfermo tanto mental como físicamente; más filósofo que religioso, sobre todo evitaría la cuestión del conflicto religioso, aunque emitiendo la Carta de Majestad, garantizando la libertad religiosa a sus súbditos. Bajo su reinado, el pueblo se volvería inquieto y rebelde, y surgirían focos de violencia religiosa en todo su imperio. Su hermano, Matías, se hizo cargo silenciosamente de gran parte de la administración y rápidamente fue coronado tras la muerte de Rodolfo en 1612, pero ya era demasiado tarde. La guerra era inminente.

Los siete años de gobierno de Matías terminaron con su muerte en 1619 a la edad de 62 años, y su primo, Fernando II, asumió el cargo. A Fernando le disgustaba la presencia del protestantismo. Tenía una visión casi medieval de un gran imperio, unido en una religión y sirviendo a un solo gobernante, y ese gobernante, por supuesto, sería él mismo. Quería ser el hombre vivo más poderoso y seguir los pasos de Carlomagno y Federico Barbarroja. Pero el tiempo en que los grandes reyes guerreros de la antigüedad, unidos con sus papas para ir a las Cruzadas y glorificar al imperio, se había ido. De hecho, el Sacro Imperio romano como era entonces también se había ido; ahora, el emperador gobernaba una serie de estados y países en gran parte independientes, algunos de los cuales crecían peligrosamente en poder. Había llegado la época del protestantismo, y Fernando lo odiaba con todo su corazón, especialmente considerando que muchos de esos estados independientes eran protestantes. Tan pronto como obtuvo el trono, fue en contra de todo lo que sus predecesores, desde Carlos V hasta Matías, habían dicho y prohibió el protestantismo en todo el imperio.

Los dos hombres expulsados tan sin ceremonias del Castillo de Praga eran un par de funcionarios del gobierno católico romano llamados Guillermo Slavata y Jaroslav Martinic. Acababan de soportar un juicio en su contra que su emperador nunca habría permitido, considerando que habían estado respetando sus nuevas leyes. Al llegar a Praga, los dos funcionarios habían descubierto que se estaban construyendo dos nuevas iglesias protestantes, un acto que habría sido perfectamente legal según la Carta de Majestad de Rodolfo II. Pero ahora que Fernando había abolido el protestantismo, estaba en contra de la ley. Los funcionarios intentarían detener la construcción de las iglesias, pero fueron detenidos por las autoridades de Praga, que estaban decididas a mantener su libertad religiosa. Arrojaron a los dos funcionarios por las ventanas del castillo y los enviaron a casa con el rabo entre las piernas, acto que se conocería como la Defenestración de Praga.

Trágicamente, el resto de la guerra no sería tan inocuo, o al borde del humor, como lo fuera la Defenestración. De hecho, mataría unas ocho veces más personas que la guerra civil estadounidense y, en treinta años, diezmaría el Sacro Imperio romano germánico y cambiaría la faz de Europa.

La guerra comenzó como un levantamiento en Bohemia cuando los estados protestantes del norte buscaban deshacerse de las cadenas opresivas del imperio. Fernando, enfurecido, apenas podía creer la insolencia de los bohemios y rápidamente enviaría un ejército para aplastarlos; sin embargo, en los siguientes veinte años de su reinado, el emperador se enteraría de que los bohemios no eran los únicos descontentos con su determinación de mantener el imperio católico. Muy pronto, una gran variedad de potencias europeas se uniría a la causa protestante, desde los turcos otomanos hasta Inglaterra y Suecia. Incluso los franceses, a pesar de ser católicos, querían oponerse al imperio.

Cuando Fernando murió pacíficamente en 1637, su imperio estaba hecho pedazos por la guerra. España había luchado del lado de los Habsburgo, para quienes el conflicto había pasado de ser algo religioso a un intento desesperado por mantener el control de algún poder. Continuamente se verían obligados a regresar a Austria a medida que más y más países se unían a la apuesta por la libertad religiosa (y por una parte de los territorios del imperio). Mientras tanto, el hambre florecería horriblemente en todo el imperio, matando a millones; una plaga de tifus arrasaría el continente devastado por la guerra y se cobraría muchas vidas.

Cuando se firmó la Paz de Westfalia en 1648, Europa había tenido aproximadamente ocho millones de muertes (algunas estimaciones llegan a más de once millones). En perspectiva, la población total del Reino de Bohemia a principios del siglo XVII era de menos de dos millones.

La Paz de Westfalia finalmente pondría fin a la terrible guerra. Un par de tratados firmados en mayo y octubre de 1648 fueron negociados entre el sucesor de Ferdinando, Ferdinando III, y sus oponentes, incluyendo Francia y Suecia. No solo permitía más libertad religiosa de manera similar a la Paz de Augsburgo, sino que también sería de tremenda importancia histórica. A menudo, la Paz de Westfalia se considera como el comienzo de la era moderna, además de ser un modelo para los estados-nación posteriores, incluidos los gobernados por las Naciones Unidas de hoy. También se ocuparía de los asuntos internos del Sacro Imperio romano germánico, aunque concedería a sus estados-nación más independencia, y agregaría un octavo representante al Consejo Imperial de Electores.

Después de la guerra de los Treinta Años, el Sacro Imperio romano germánico no solo tenía menos control de sus estados-nación, sino que también tenía menos. Suiza y los Países Bajos abandonaron el imperio por completo, y el efecto devastador de la guerra en España la dejaría mucho menos poderosa. Los problemas del imperio tampoco habían terminado; una amenaza desde fuera de sus fronteras se hacía cada vez más grande. Los turcos otomanos, que se habían apoderado del Imperio bizantino, buscaban ampliar sus fronteras hacia el oeste. El reinado del sucesor de Fernando III, Leopoldo I, se concentraría principalmente en frenar a la contraparte oriental del imperio. Fue solo en 1683 en la batalla de Viena, en la que el ejército imperial, liderado por el rey de Polonia, finalmente hiciera retroceder a los turcos con tal fuerza que el Imperio otomano ya no se expandiría a Europa.

A diferencia del Imperio otomano, que sobreviviría hasta 1922, al Sacro Imperio romano no le quedaba mucho tiempo. Su gloriosa victoria contra los turcos pronto se convertiría en un canto de cisne.

Capítulo 17 - La Disolución

El final de la guerra de los Treinta Años arrastraría al Sacro Imperio romano, un concepto muy medieval, pateando y gritando al período moderno. Lamentablemente, para el otrora poderoso imperio, la modernidad no le sentaría bien. Su decadencia continuaría a lo largo del último siglo de su existencia.

Con los turcos obligados a regresar a su imperio en 1683, el emperador Leopoldo I, que había huido de Viena aterrorizado durante el asedio, era libre de concentrarse en su país de origen: Austria. El que una vez fuera un ducado de Alemania, emergería de la guerra de los Treinta Años como una de las potencias más grandes europeas. Dejó el imperio a su hijo, José I, un Habsburgo austríaco que tenía mentalidad reformadora, pero que no pudo lograr muchos cambios debido a la brevedad de su reinado: solo gobernaría desde 1705 hasta su muerte de viruela en 1711. Murió sin un heredero, dejando el trono a su hermano, Carlos VI. Si bien el Consejo de Electores todavía estaba oficialmente a cargo de elegir a los reyes de Alemania y los emperadores del Sacro Imperio romano germánico, el título, en ese punto, se había convertido básicamente en hereditario dentro de la familia Habsburgo.

El reinado de Carlos VI duraría considerablemente más que el de su desafortunado hermano. Gobernando hasta 1740, pasaría gran parte de su reinado defendiendo el trono imperial, y su derecho al español, contra los franceses, que habían sido enemigos del Sacro Imperio romano germánico desde la guerra de los Treinta Años. A pesar de su largo matrimonio con Isabel Cristina de Brunswick-Wolfenbüttel, Carlos VI temía morir sin un heredero varón debido a la muerte de su único hijo y, por lo tanto, emitió la Sanción Pragmática de 1713. Esta sanción permitía a las mujeres heredar el título imperial, y resultaría ser necesaria, ya que Carlos VI murió en 1740 con dos hijas y ningún hijo sobreviviente. Su hija mayor, María Teresa, se convertiría en la última Habsburgo pura en sentarse en el trono del Sacro Imperio romano germánico y en su primera emperatriz Habsburgo. Se había casado con Francisco de Lorena en 1736, quien se convertiría en el emperador Francisco I, y así terminaría la línea de los Habsburgo y la familia imperial pasó a ser conocida como los Habsburgo-Lorena.

Las guerras de sucesión habían plagado al imperio durante décadas, y la herencia del Sacro Imperio romano germánico de María Teresa desencadenaría otra más: la guerra de Sucesión de Austria. Esta sangrienta guerra, que involucraría a múltiples potencias europeas, duraría hasta 1748 y debilitaría aún más al ya medio paralizado Sacro Imperio romano.

El hijo de María Teresa, José II, estaba decidido a llevar la reforma a los pesados restos de lo que una vez había sido un poderoso imperio. Durante los 25 años de su reinado, 15 de los cuales cogobernaría con su madre, José instituiría tremendas reformas. Revisaría todo el sistema legal y, al hacerlo, liberaba al imperio de castigos crueles y brutales, emancipaba a los siervos que habían estado sirviendo en calidad de feudal desde la Edad Media, haría que la educación primaria fuera obligatoria para todos los niños y fue un feroz defensor de la tolerancia religiosa. Enormemente impopular entre la debilitada Iglesia católica, una vez una institución tan poderosa que hizo que los emperadores caminaran descalzos sobre los Alpes en arrepentimiento, al despojarla de gran parte de su autoridad y obligarla a realizar reformas y modernización. El apogeo de la antigua Iglesia se había ido, un hecho que José dejaría en claro al permitir la total libertad religiosa para protestantes y judíos.

Por impopular que fuera José, obligó al imperio a adoptar una mentalidad más progresista. Sin embargo, a pesar de sus esfuerzos, sería conocido como el penúltimo emperador del Sacro Imperio romano germánico en la historia. Después de su muerte en 1790, su hermano, Leopoldo II, reinaría solo dos años antes de su muerte y la sucesión de su hijo, Francisco II. Y Francisco II sería el último emperador del Sacro Imperio romano germánico en sentarse en el trono imperial.

* * * *

Napoleón Bonaparte nació en la isla mediterránea de Córcega en 1769. Tenía solo veinte años cuando estalló la Revolución Francesa en 1789, pero no obstante se convertiría en uno de sus líderes militares. En 1799, puso fin a la Revolución con un golpe militar y se hizo con el poder, restableciendo la monarquía que tanto había luchado por abolir y colocándose no solo como rey sino, en 1804, como emperador.

Europa no era lo suficientemente grande para dos emperadores a la vez. Francisco observaba con inquietud los acontecimientos que se desarrollaban en Francia mientras las guerras napoleónicas estallarían en todo el continente. Coaliciones de varias partes de Europa intentarían acabar con el revuelo de Napoleón, pero él era imparable y planeaba apoderarse de toda Europa. Sin interés en el Nuevo Mundo, vendería el territorio francés de Luisiana a los Estados Unidos en 1803 y, en cambio, puso su mirada en invadir varios países, incluidos Gran Bretaña, Austria y Rusia. Francisco II amasó un ejército para enfrentarse a Napoleón y luchó contra él denodadamente, pero todo fue en vano. En la batalla de Austerlitz en diciembre de 1805, Napoleón demostraría que la época de los emperadores romanos había terminado. Su tiempo, el tiempo de un imperio francés, estaba cerca.

Francisco sabía que poco podía hacer para enfrentarse a su poderoso oponente. En 1806, abdicaría formalmente del trono imperial. El Sacro Imperio romano germánico se disolvió y, en su lugar, Napoleón estableció la Confederación del Rin, que efectivamente convertiría a muchos de los estados-nación del antiguo imperio en estados satélites de la nobleza francesa.

Quizás Francisco fue prudente al no oponerse a Napoleón. Las naciones que eligieron oponérsele durante las guerras napoleónicas, que duraron entre 1803 y 1815, lo hicieron a un costo tremendo. Una estimación de alrededor de 3.000.000 a 6.000.000 de personas, tanto civiles como militares, murieron durante las guerras, y Napoleón lograría lo que los emperadores del Sacro Imperio romano germánico se habían esforzado por lograr durante casi mil años: unir a Europa Occidental bajo un aterrador dictador.

No obstante, el imperio de Napoleón fue muy diferente del antiguo Sacro Imperio romano. Traería muchos avances a Europa, incluido un sistema democrático más universal y la abolición generalizada de la servidumbre. El imperio medieval, con sus héroes y villanos más grandes que la vida, se había ido para siempre.

Conclusión

Durante los mil años de su tumultuosa historia, el Sacro Imperio romano había traído tanto unidad como cambio a lo largo y ancho de Europa. Comenzando con la coronación del Carlomagno algo más grande que la vida en 800, sus emperadores habían variado de visionarios a temibles y simplemente extraños, pero todos tenían un propósito singular: gobernar una Europa unida.

Y durante siglos, los emperadores lograrían su objetivo. A medida que el antiguo Imperio romano se desmoronaba en cenizas y la Edad Media se precipitaba, trayendo consigo siglos de guerra y oscuridad, se forjaría un nuevo poder a partir de los fríos huesos de la antigua Roma. El Sacro Imperio romano uniría a Europa, evitando que se disolviera en la barbarie de pequeños reinos en guerra. Para bien o para mal, la unidad del emperador y el papa preservó una cultura que desde entonces se ha vuelto legendaria: una de guerras santas y caballeros imperiales, reyes en tronos dorados y princesas que necesitaba rescate.

Desde el principio, el imperio estuvo ligado a la religión; por tanto, puede parecer extraño que la religión, o más bien la gran hendidura en la religión que provocara la Reforma, contribuyera tanto a su eventual declinación. Sin embargo, parece apropiado, tal vez, que el Sacro Imperio romano se haya ido silenciosamente a la historia cuando lo hizo. La época del pomposo papado y los líderes hereditarios había llegado y se había ido. Para cuando el Sacro Imperio romano llegara a su fin, ya era una especie de reliquia.

Sin embargo, en su apogeo, el Sacro Imperio romano germánico fue algo magnífico. Defendió las fronteras de Europa Occidental de invasores que podían haber dejado el rostro de la historia con un aspecto muy diferente, reunió grandes alianzas que demostraron ser ricas y poderosas para el bien de su gente, y estableció muchos años de paz en los países que estaban acunados en sus brazos envolventes. Y nos trajo a nosotros, los lectores de hoy, una gran cantidad de ricos personajes e historias fascinantes que continuarán embelesándonos durante incalculables generaciones.

Vea más libros escritos por Captivating History

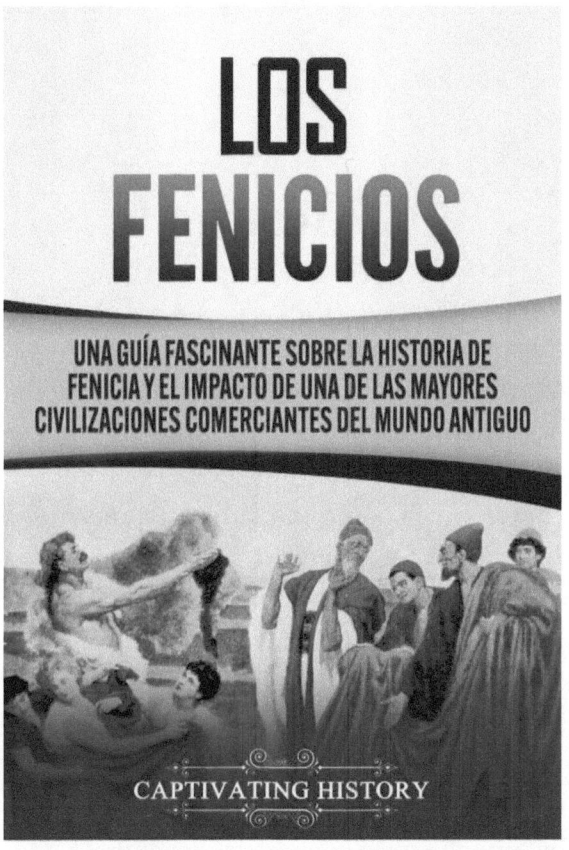

Fuentes

https://www.mpm.edu/research-collections/anthropology/anthropology-collections-research/mediterranean-oil-lamps/roman-empire-brief-history
https://www.history.com/topics/ancient-rome/ancient-rome#section_8
https://www.thoughtco.com/what-was-the-fall-of-rome-112688
https://www.encyclopedia.com/people/history/ancient-history-late-roman-and-byzantine-biographies/odoacer
https://biography.yourdictionary.com/odoacer
https://www.historyextra.com/period/roman/life-of-the-week-romulus-augustus/
https://www.historyhit.com/origins-of-rome-the-myth-of-romulus-and-remus/
https://www.ancient.eu/Romulus_and_Remus/
https://www.historyhit.com/day-charles-martel-dies/
https://www.thoughtco.com/muslim-invasions-charles-martel-2360687
https://www.thoughtco.com/muslim-invasions-battle-of-tours-2360885
https://www.history.com/this-day-in-history/battle-of-tours
https://www.historyhit.com/day-battle-tours/
https://www.medievalchronicles.com/medieval-history/medieval-history-periods/carolingian-empire/carolingian-dynasty/

https://www.christianity.com/church/church-history/timeline/601-900/charlemagne-crowned-as-holy-roman-emperor-11629758.html
https://catholicherald.co.uk/magazine/feast-like-its-1399/
http://www.medievalists.net/2010/12/the-significance-of-the-coronation-of-charlemagne/
http://mentalfloss.com/article/562913/charlemagne-facts
https://www.bbc.co.uk/history/historic_figures/charlemagne.shtml
https://www.history.com/topics/middle-ages/charlemagne
https://courses.lumenlearning.com/suny-hccc-worldhistory/chapter/the-end-of-the-carolingians/
https://www.revolvy.com/page/Louis-the-Child?cr=1
https://www.newworldencyclopedia.org/entry/Adelaide_of_Italy
https://epistolae.ctl.columbia.edu/woman/19.html
https://www.historytoday.com/archive/otto-great-crowned-emperor-romans
https://www.thoughtco.com/otto-i-profile-1789230
http://www.historynaked.com/pope-john-xii-christian-caligula/
https://www.avclub.com/the-young-pope-john-xii-died-as-he-lived-fornicating-1823180144
https://www.somethingawful.com/most-awful/popes-cadaver-synod/2/
https://www.christianity.com/church/church-history/timeline/901-1200/roman-synod-deposed-pope-john-xii-11629775.html
https://www.historyofroyalwomen.com/theophano/theophano-holy-roman-empress/
https://www.encyclopedia.com/reference/encyclopedias-almanacs-transcripts-and-maps/otto-ii-holy-roman-emperor
https://www.encyclopedia.com/religion/encyclopedias-almanacs-transcripts-and-maps/benedict-vii-pope
https://www.encyclopedia.com/religion/encyclopedias-almanacs-transcripts-and-maps/henry-ii-roman-emperor-st
https://catholicexchange.com/st-henry-ii-emperor
https://www.encyclopedia.com/religion/encyclopedias-almanacs-transcripts-and-maps/john-xvi-antipope
http://www.newadvent.org/cathen/08428a.htm

http://www.newadvent.org/cathen/06790a.htm
https://www.historytoday.com/archive/death-emperor-otto-iii
https://www.encyclopedia.com/people/history/spanish-and-portuguese-history-biographies/henry-iv-holy-roman-empire
http://www.medievalists.net/2017/08/walk-canossa-tale-emperor-pope/
http://scihi.org/henry-iv-and-his-walk-to-canossa/
http://dailymedieval.blogspot.com/2013/01/the-walk-to-canossa.html
https://www.newworldencyclopedia.org/entry/Hohenstaufen
http://www.phelpsfamilyhistory.com/research/surname/welf-rivalry.asp
http://www.edstephan.org/Rulers/welf.html
https://www.encyclopedia.com/people/history/german-history-biographies/henry-v-holy-roman-empire
https://www.encyclopedia.com/reference/encyclopedias-almanacs-transcripts-and-maps/conrad-iii-ruler-holy-roman-empire
http://www.holyromanempireassociation.com/history-of-the-holy-roman-empire.html
https://www.thoughtco.com/crusades-frederick-i-barbarossa-2360678
http://www.phelpsfamilyhistory.com/research/surname/welf-rivalry.asp
http://www.lordsandladies.org/frederick-barbarossa.htm
https://edsimoneit.blog/2019/04/15/henry-the-lion-submits-to-frederick-barbarossa-1181-in-erfurt/
https://courses.lumenlearning.com/suny-hccc-worldhistory/chapter/the-second-crusade/
https://www.geni.com/people/Tancred-Hauteville-of-Lecce-king-of-Sicily/6000000006357958730
https://www.gainesvillecoins.com/blog/a-kings-ransom-5-outrageous-ransoms-paid-in-gold-and-silver
https://www.history.com/topics/africa/saladin
https://www.britroyals.com/kings.asp?id=richard1
https://www.thoughtco.com/richard-the-lionheart-1789371
https://about-history.com/henry-vi-the-king-of-germany-and-holy-roman-emperor/
http://www.bestofsicily.com/mag/art419.htm
https://www.historytoday.com/archive/death-emperor-frederick-ii

https://www.thoughtco.com/pope-innocent-iii-1789017
https://www.ancient.eu/Fifth_Crusade/
https://www.ancient.eu/Sixth_Crusade/
https://www.geni.com/people/Isabelle-II-Queen-of-Jerusalem/6000000003146970504
https://www.britannica.com/biography/Albert-I-king-of-Germany-and-duke-of-Austria
https://peoplepill.com/people/elizabeth-of-bohemia/
https://www.encyclopedia.com/people/history/german-history-biographies/henry-vii-holy-roman-empire
https://www.britannica.com/biography/Henry-VII-Holy-Roman-emperor
https://www.biography.com/writer/dante
https://poets.org/poet/dante-alighieri
https://www.famousauthors.org/dante-alighieri
http://fascinatinghistory.blogspot.com/2006/01/dante-and-beatrice.html
https://www.florenceinferno.com/beatrice-portinari/
http://preraphaelitesisterhood.com/the-unrequited-love-of-dante-and-beatrice/
https://www.geni.com/people/Charles-IV-Holy-Roman-Emperor/6000000000717690363
https://www.prague.eu/en/articles/charles-iv-the-greatest-czech-12036
http://www.myczechrepublic.com/czech-history/king-charles-IV.html
http://www.holyromanempireassociation.com/holy-roman-emperor-louis-iv-of-wittelsbach.html
https://www.britannica.com/biography/Louis-IV-Holy-Roman-emperor/Acceptance-of-the-imperial-crown
https://www.history.com/topics/renaissance/renaissance#section_1
http://www.crivoice.org/creededictworms.html
https://www.britannica.com/event/Diet-of-Worms-Germany-1521
https://www.christianitytoday.com/history/people/theologians/martin-luther.html
https://www.history.com/topics/reformation/reformation

https://www.biographyonline.net/spiritual/martin-luther.html
https://www.biography.com/religious-figure/martin-luther
https://www.britannica.com/biography/Charles-V-Holy-Roman-emperor
https://www.factinate.com/people/facts-charles-v/
https://www.britannica.com/biography/Rudolf-II-Holy-Roman-emperor
https://www.history.com/topics/reformation/thirty-years-war
https://www.britannica.com/biography/Ferdinand-II-Holy-Roman-emperor
https://www.historyextra.com/period/stuart/1618-defenestration-prague-facts-history-explained-what-happened-why-castle-protestant-catholic/
https://www.britannica.com/event/Defenestration-of-Prague-1618
https://www.newworldencyclopedia.org/entry/Peace_of_Westphalia
https://www.historytoday.com/archive/months-past/treaty-westphalia
https://www.historytoday.com/archive/end-holy-roman-empire
https://www.history.com/topics/france/napoleon
https://www.britannica.com/place/Germany/End-of-the-Holy-Roman-Empire
https://www.britannica.com/event/War-of-the-Austrian-Succession
http://www.holyromanempireassociation.com/holy-roman-emperor-charles-vi-.html
https://www.habsburger.net/en/chapter/joseph-i-austrian-sun-emperor
https://www.britannica.com/biography/Maria-Theresa
Ilustración I: Por foto: Myrabella/Wikimedia Commons, CC BY-SA 3.0, https://commons.wikimedia.org/w/index.php?curid=8645438
Illustración II: Por Eduard Schwoiser https://commons.wikimedia.org/wiki/File:Schwoiser_Heinrich_vor_Canossa.jpg
Ilustración III: por Hermann Wislicenus (1825-1899). El cargador original fue James Steakley en de.wikipedia - Transferido de de.wikipedia a Commons. por James Steakley con CommonsHelper. Texto original: Ernst Schubert, Stätten sächsischer Kaiser (Leipzig

1990) S. 223., Dominio Público,
https://commons.wikimedia.org/w/index.php?curid=6887378
Ilustración IV: Por Karelj - Trabajo propio, CC BY 3.0,
https://commons.wikimedia.org/w/index.php?curid=15105900
Ilustración V: Por Lucas Cranach el Viejo - Medio. Desconocido 3.
Biblioteca de arte de Bridgeman, objeto 41801, Dominio Público,
https://commons.wikimedia.org/w/index.php?curid=475854

www.ingramcontent.com/pod-product-compliance
Lightning Source LLC
LaVergne TN
LVHW041644060526
838200LV00040B/1705